LA
PROMENADE

UTILE ET RÉCRÉATIVE

DE DEUX PARISIENS

EN CENT SOIXANTE CINQ JOURS.

TOME PREMIER.

LA PROMENADE

UTILE ET RÉCRÉATIVE

DE DEUX PARISIENS

EN CENT SOIXANTE CINQ JOURS.

Illis robur & æs simplex
Circa pectus fuit, qui &c. -

TOME PREMIER.

A AVIGNON,
Et se trouve
A PARIS,
Chez VENTE, Libraire, au bas de la
Montagne Sainte Geneviève.

M. DCC. LXVIII.

EPITRE DEDICATOIRE

Aux pareſſeux.

A vous, qui près de vos ardens tiſons
En un fauteuil étendus tout à l'aiſe,
Et retournant & le chêne & la braiſe,
Bravés chaque an, la rigueur des ſaiſons ;
Vous qui fuyant l'éclat de la lumiere,
Cachés au fond d'un ſombre cabinet,
Ouvrez à peine une lourde paupiere,
Alors que Juin & le bouillant Juillet,
Lançant leurs feux ſur la nature entiere,
Oſent flétrir & la roſe & l'œillet ;
Salut. Moi l'un de vos anciens confreres
Qui comme vous, ſavourais le repos,
Mais qui, depuis, & par monts & par vaux,
Sans regretter les lares de mes peres,
Oſai braver les neiges, les frimats,
Du fier Cénis les redoutables cimes,
Et ce volcan dont par fois les éclats
En un inſtant creuſent d'affreux abîmes,
Et de Phébus les rayons conſumants ;
Sil m'eſt permis d'occuper vos momens,
Sans vous tirer des bras de la molleſſe,
Je vous préſente un écrit peu limé,
Qui de ſon pere annonçant la pareſſe,
Par là, de vous a droit d'être eſtimé.

a iij

De la gaité pourvu qu'il ait l'empreinte
Et qu'il déride un front trop sourcilleux,
Il me suffit; je hais cette contrainte
Qui rend souvent un auteur ennuyeux.
C'est à vous seuls que j'adresse ce livre,
C'est par vous seuls que j'espere de vivre,
Et de passer à la postérité;
De votre accueil la flatteuse esperance,
Oui, je le sens, m'enorgueillit d'avance,
Et dans mon cœur glisse la vanité:
Que contre moi ces cerveaux phlegmatiques
Paitris d'Hébreu, de Grec & de Latin,
Osent s'armer; leurs traits mélancholiques
Sans m'effleurer me frapperont en vain.
Sous ton Egide, ô Paresse adorable,
On doit braver un sçavant en courroux;
Tes Légions par leur nombre innombrable
En se montrant, les dissiperont tous.
Daigne couvrir de ton aîle de mere
Un nourrisson qui brigue ton appui,
Et ne crains point que son cœur peu sincére
Puisse oublier ce que tu fis pour lui.

AVERTISSEMENT,

Du Libraire.

IL *fort tous les jours de nos boutiques tant de fadaifes & de frivolités
dictées par le caprice, qui néanmoins
font enlevées, & difparoiffent prefque
fur le champ, que je ne crois pas être
mal fondé à efperer de la complaifance du public & de fon goût décidé
pour les chofes legéres, la réuffite de
l'ouvrage que je lui préfente. J'aurois
pu le lui offrir beaucoup plutôt, fi l'Auteur n'eut pas tant réfifté à nos folli-
citations, ne voulant pas expofer à la
cenfure cette production qui n'eft de fa
part qu'un pur délaffement d'efprit.
Mais fans ceffe animés du defir de
procurer aux lecteurs de nouveaux amu-
femens, & à nous de nouvelles pif-
toles, nous avons enfin triomphé de
fes refus. Il faut dans notre profeffion donner au hazard bien des chofes,
c'eft à l'événement à régler notre fatisfaction ou notre chagrin. S'il a paru*

quelqu'ouvrage à-peu-près de même genre, les choses y font traitées d'une maniere si différente, que le ton de gaité décidée de ce dernier, nous a femblé lui devoir mériter l'accueil de la portion la plus confidérable des lecteurs, qui ont befoin d'être contrains de fortir de leurs rêveries taciturnes. Quant à l'exécution typographique nous n'avons rien négligé. Si malgré nos foins il s'eft gliffé quelques fautes, nous préfumons trop bien de la fagacité des lecteurs, pour qu'elles ne portent pas facilement leur excufe.

PRÉFACE

Qu'on ne lira guéres.

QUE le jardin du Luxembourg eſt champêtre ! que les Thuilleries ſont belles ! que les Boulevards ſont longs ! que le Bois de Boulogne eſt agréable ! que le Parc de Marly eſt riant ! que celui de Saint Cloud eſt majeſtueux ! que Verſailles eſt ſurprenant & magnifique.

Il y a quelques vingt ans que tous ces endroits me paroiſſoient également flatteurs, pourvu que muni d'une certaine quantité de petites boules de pierres ou de marbre je puſſe loin du Collége & de la férule, en gagner de pareilles à mes camarades. Deux ou trois luſtres écoulés, le genre différend

de ces beautés commença à pro-
duire en moi des sensations di-
verses. Depuis, les objets vivans qui s'y donnent un rendez-
vous habituel, y ont par l'at-
trait général de l'exemple attiré
mes pas fréquemment. La jouissance trop répetée a fait enfin
sur mon cœur ce qu'elle fait
sur celui de tous mes semblables, a dissipé tous les charmes
qui auparavant m'avoient attiré,
& ne m'a permis de les voir
qu'avec des yeux indifférens.
De l'indifférence naissent bientôt la satiété & l'ennui ; c'est
là où en sont logés tous les
hommes, dont le plus grand
nombre s'accoutume malheureusement à languir dans cet
annéantissement fatal sans oser
tenter de l'annéantir lui même.
Paris, cette Ville par excellence, ce séjour des voluptés qui
énervent le corps & l'ame de

fes habitans commençoit a m'infpirer cette humeur cafaniere qui fait croire communément qu'il n'y a rien ailleurs d'auffi agréable, & qui n'offre que des périls fans nombre à ceux qui feroient tentés de s'éloigner de leurs foyers, à quelque diftance raifonnable.

Cependant je n'avois jamais perdu le goût du travail ; je paffois fouvent des heures de vrais plaifirs avec ces mêmes Auteurs Latins que les pédans avoient trouvé le fecret de me faire haïr dans mon adolefcence. L'aimable Horace par fes préceptes fi fages & fi bien affaifonnés de l'enjouement, m'avoit préfervé jufqu'alors de la corruption générale. Je ne lifois jamais un morceau où il fut queftion de cette ancienne Capitale de l'Univers qui fera toujours l'admiration des fié-

cles éclairés, que je ne fuſſe
faiſi de reſpect & d'un deſir ar-
dent de voir les reſtes infortunés de cette Cité merveilleuſe
qui avoit produit des hommes
ſi excellens. La beauté & la
fertilité de ces campagnes ſi
chantées piquoient ma curioſité;
mon goût particulier pour cet
art d'illuſion qui ſçait animer
la toile par le ſecours des couleurs me défendoit d'attendre
plus long-tems ſans aller admirer ces chefs d'œuvres des
Raphael & autres grands maîtres, richeſſes précieuſes de ce
pays heureux. Inſtruit par les
ouvrages vigoureux d'un Ecri-
vain ſans doute trop célébre
depuis quelques années a ne
point croire trop aveuglement
ce qui ne parvient à notre con-
noiſſance que par la bouche
des hommes, je deſirai pour
être convaincu, de toucher au

doigt & à l'œil, bien perfuadé d'ailleurs que fi dans les relations différentes des Auteurs & des Hiftoriens il fe trouvoit des chofes foit exagérées, foit deprifées fuivant le caractère particulier de chacun d'eux, il devoit auffi s'en trouver un bon nombre de vraies; que chaque pays avoit fes beautés, foit de fite, foit d'induftrie qui lui font propres, & qui pouvoient balancer celle de ma patrie trop orgueilleufe. Je crus avoir raifon de préfumer que tous les Princes étant intéreffés à entretenir les chemins de leurs états, praticables, pour la facilité du commerce, & purgés autant qu'il eft poffible des brigands de profeffion, je n'avais pas plus de rifques à courir que des milliers de commerçans dont la plus grande portion de la vie fe confume fur les routes publiques ; & je laiſſai la crainte puſillanime à ceux qui ne font gloire ni de réfléchir ni de penſer en hommes faits. Il ne s'agiſſoit plus que des moyens de l'exécution ; une promenade de ſi longue haleine exigeoit des frais indiſpenſables ; après avoir pris ſur cet article important les conſeils & les inſtructions de perſonnes que leurs affaires ou leur curioſité avoient conduites dans ces pays éloignés , je fis le tableau des dépenſes néceſſaires ; & ayant d'un autre côté, calculé combien, dans le même laps de tems, il m'en coûteroit dans ma patrie, & pour les fiacres dont on ne peut ſe paſſer lorſque l'on veut éviter les macules boueuſes qui en tachant un bas blanc ôtent en un inſtant à un galant homme la moitié de ſon mérite, & pour les Remiſes qui me tranſportant au Bois de Boulogne me mettroient à portée de critiquer les ténébres de Longchamp que l'on entend dans les allées ; les diables à quatre chevaux conduits par des écervelés ; les cochers du ſiecle ſi pétulans le ſoir , lorſqu'ils ont dépouillé la robe & le rabat qui leur donnoient le matin un air ſi impoſant , & ſi hardis lorſqu'ils ont échangé la balance de Thémis contre une gaule armée d'une lanière ; les Procureuſes en martre & hermine ; les Conſeilléres plus brillantes que les Ducheſſes , & leurs diſputant les roſes de leur tein ſi bien coloré , grace aux talens des Dulacs ; les epées ſans fin ; les chapeaux preſque réduits à la forme d'un petit meuble reconnu pour utile lorſque la matiere en eſt de plomb ; les montres chargées de sonnettes, de grelots & de mille attributs de la Déesse porte marotte ; &c. &c. ce qu'il m'en couteroit d'autres fois, dans tant d'honnêtes maisons pour ces parties sur table verte, fléaux imaginaires de l'ennui & réels de la bourse, où l'on est triché, pillé, & qui pis est, grondé sans avoir le courage de se défendre, par un respect mal entendu pour ce sexe qui nous met à contribution, sans nous procurer, souvent, de vrais plaisirs ; les resultats me démontrerent que ma promenade ne seroit pas de beaucoup plus dispendieuse que mon séjour dans la Capitale ; que je reviendrois avec nombre de connoissances utiles de plus & de beaucoup d'ennui de moins. Mon parti fut bientôt pris ; je cherchai un camarade curieux du vrai beau , & j'en trouvai un , (chofe rare aujourd'hui) le voyage en paroit moins long, moins pénible, moins dangereux. L'homme foible par fa nature, cherche toujours à s'étayer ; il femble alors que fes forces doublées pour chaque individu foient quadruplées en maffe. D'ailleurs l'efprit y gagne beaucoup, les lumieres de l'un réfléchiffent fur l'autre & l'éclairent, les obfervations deviennent plus certaines, les jugemens plus probables, lorfqu'ils fe trouvent réunis ; les fentimens font ils oppofés ? le Philofophe y découvre cette variété immenfe que le créateur a mife dans fes ouvrages, même fpirituels , foit pour manifefter fa grandeur, foit pour que l'homme tire des contradictions, un avantage relatif ou à fes lumiéres, ou à fes vertus. Tous nos pré-

paratifs faits ; nous fommes partis fortement ; *oculo irretorto* ;
nous avons fupporté patiem-
ment & avec un courage plus
grand que nous n'aurions ofé
nous le promettre, les fatigues, & les accidens, & les
variations de température, &
les mauvais alimens, & les infectes incommodes, & les pri-
vations de fes aifances devenues fi néceffaires à la molle
habitude des Parifiens, & enfin
les nuits plus fatiguantes que
falutaires par le défaut du fom-
meil réparateur de nos forces.

Un régime frugal & atten-
tif nous a fait jouir dans ce cli-
mat dont la chaleur nous ef-
fraye, du tréfor le plus précieux à l'homme, la fanté. Nous
avons vu, entendu, goûté,
touché, fenti, fuivant les lieux
& les objets, & notre patrie
nous a reçus fains faufs & fatisfaits amplement.

Mais le fruit que l'on retire de pareilles courſes ſe réduit inſenſiblement à peu de choſe par la foibleſſe des organes hu-mains qui ne peuvent conſer-ver long-tems l'impreſſion des objets multipliés, ſi quelque moyen ne ſert à les leur rap-peller.

Le plus infaillible eſt ſans doute cet art de peindre aux yeux de l'eſprit, (l'écriture) nous n'avions garde de le né-gliger, ce ſeroit vouloir ſe priver tout le reſte de ſa vie d'une ſatisfaction d'autant plus réelle qu'elle tient par pluſieurs fils à l'amour-propre.

Il doit être auſſi permis & auſſi agréable à un amateur ſur le déclin de l'age, de ſe van-ter d'avoir couru à trois ou quatre cent lieues pour y voir des chefs d'œuvres, qu'il l'eſt à un vieux militaire de citer les fiéges & les combats où il a payé de fa perfonne, dans la fleur de fa jeuneffe. C'eft dans cette vue que nous avons tenu un journal, le plus exact qu'il nous a été poffible, de tout ce qui nous a paru mériter notre attention; & dans le deffein en même tems de n'en point profiter à l'exclufion de nos amis qui ont le même droit fur nos connoiffances, que nous avons fur les leurs.

Ce que l'on a communiqué à un ami, on peut le communiquer à un fecond, il feroit indécent de le refufer à un troi-fiéme; fi l'on eft applaudi, on l'offre volontiers au quatriéme, puis aux amis des amis, & l'on en vient au point de vouloir mettre tout le public dans la confidence. L'on n'eft point faché de fe voir moulé, & l'on s'expofe d'encore en encore à un danger cent fois plus à craindre que tous ceux que l'on a essuyés.

Mais comment offrir aux lecteurs qui veulent être amufés, un Journal fec & ennuyeux où la plupart des détails ne font intéreffans que pour rappeller à l'obfervateur l'idée de ce qu'il a vu de fes yeux! ce feroit alors vouloir s'ériger en voyageur politique de qui l'on a droit d'exiger mille chofes qu'une promenade de fix mois n'a pu permettre d'approfondir dans un pays fi fertile en raretés. Il faut laiffer ces prétentions aux Miffon, aux Richards, & autres qui ont fait des volumes épais. Je n'ai point voulu avoir tant de comptes à rendre au public; ma feule prétention a été d'amufer ceux qui n'aiment point la peine; le plaifir devient de plus en plus la corde fenfible des efprits & des cœurs, & j'ai cru prendre le parti le plus fage, en travaillant principalement pour cette aimable portion du public lifant qui n'a pas moins de poids, malgré fes dentelles légéres, que tant de têtes affublées de perruques in folio. C'eft par cette raifon que j'ai inféré de tems à autre quelques vers, ou fi l'on veut, de la profe rimée, qui fi elle n'y brille pas, y jette au moins un ton de gayeté capable de ranimer l'attention des lecteurs fouvent altérée par la douleur d'une papillotte, où par l'indolence d'une vapeur ou par les carreffes d'un petit chien. Il s'en faut bien que je me flatte d'avoir approché de quelques Auteurs d'un mérite connu, & dont les ouvrages en pareil genre font entre les mains de tout le monde & en font les plaifirs ; le talent n'eft pas donné en même proportion à tous les hommes ; chacun a une tournure de génie qui lui eft perfonnelle, & qu'il auroit tort de vouloir échanger contre une autre qui lui eft étrangére. C'eft ce défaut de jugement qui produit tous les jours tant de finges ridicules qui auroient moins mal réuffi en donnant de leur cru. J'ai taché d'éviter ce travers & je n'ai cherché que la gayeté comme le point effentiel d'un ouvrage de cette efpêce. Tous ceux qui par un goût exquis, mais trop auftére ne paffent à un Auteur aucune négligence, auront pour agréable de ne point ouvrir ce livre, ils fouffriroient fans doute, me feroient de mauvais complimens, ce que je veux parer, defirant de bien vivre avec mes concitoyens ; fi malgré cet avis, ils l'ouvrent, qu'ils ne fe plaignent plus & nous ferons tous contens. En voilà bien affez pour une Préface & peut-être beaucoup trop; je crois pourtant devoir encore répéter que je ne prétends qu'au titre d'amateur des beaux Arts, qui n'a vu qu'en fe promenant & qui ne parle que de ce qui lui a fait plaifir. Je pourrois auffi ajouter quelque phrafe éloquente pour perfuader que je n'avois d'abord travaillé que pour moi, & quelques amis ; mais comme l'on n'a plus de confiance en l'humilité des Auteurs, il vaut mieux laiffer penfer fur cet article les lecteurs comme ils jugeront à propos ; que m'importe en effet pourvu que j'aye le bonheur de plaire ?

Vi bacio le mani. —— P. B.... A. D. C.

LA

LA
PROMENADE

UTILE ET RÉCRÉATIVE

DE DEUX PARISIENS

EN CENT SOIXANTE CINQ JOURS.

PREMIERE LETTRE.

A Monsieur A..... Avocat au Parlement.

’EST une grande imprudence à moi, mon cher ami, de t’avoir promis en partant de Paris, une relation circonstanciée de mon voyage d’Italie. Quelle sujetion pour un paresseux tel que moi, qui ne trouve

Tome I.   A

d'agréable dans cette vie que le repos d'esprit ! mais en même tems,
quel embarras , quelle peine (soit dit
sans plaisanter) d'être obligé, telle
fatigue qu'ait pû occasionner une
marche de neuf à dix heures d'hor-
lorge , par le froid, la neige , les frimats , l'ardeur du soleil, les nuées de
poussiéres , &c. de prendre la plume
en descendant de chaise , & souvent
d'entamer les momens précieux d'un
sommeil qu'on doit saisir avec avi-
dité , lorsqu'il daigne nous visiter sur
sur un chalit d'auberge ! Quelle foible esperance de pouvoir tirer d'une
tête fatiguée quelques idées saines,
réfléchies & dignes d'occuper les
loisirs de votre Seigneurie ! Quelle....
Mais je m'apperçois que c'est perdre du tems envain que de vouloir
éluder ma promesse ; je te connois
trop pour pouvoir me flatter de te
persuader, ainsi le plus court est de
te satisfaire bien ou mal : mais aussi
s'il y a du bon , tant mieux , s'il y a
du mauvais , tant pis ; le remede sera
ou de ne point lire , ou de destiner
au feu ce qui l'aura mérité pour t'a-
voir ennuié ; & dans tous les cas tu

(3)

me le pardonneras en faveur de ma complaifance. Ce n'eft qu'à ces conditions que je tiens parole, pour avoir de mon côté le droit d'écrire fans géne, tout ce que le caprice & le moment me dicteront.

Sit mihi folus libertas apollo....

Tu fauras donc mon cher ami, que le Jeudi dixiéme jours de mars 1763, mon paquet fait, non pas dans un chauffon, comme dit l'ufage, mais bien dans une malle, accompagnée d'une valife, j'ai quitté ma trifte cellulle, fur les fix heures du matin, & me fuis tranfporté fur le quai dit Saint Paul, où devoit fe rendre mon compagnon de voyage : que le dit compagnon m'ayant rejoint avec fon Ecuyer, fes armes & bagages, nous nous fommes embarqués leftement.

Tous trois ; fur un même vaiffeau,
Non pas vaiffeau de Roi, non frégate de
   guerre ;
Mais bien vaiffeau que le vulgaire
Nomme communément, coche deMontereau.

Tu ne dois point être furpris que des Parifiens qui veulent un jour voguer fur l'eau falée, commençent par fe familiarifer avec l'eau douce. L'intrépidité n'eft pas donnée en naiffant à tous les hommes, & c'eft beaucoup que de chercher les moyens de l'acquérir de telle façon que ce foit. Le tems fut beau tout le jour, & je peux ajouter toute la nuit, ayant été à portée d'en juger de tems en tems par l'afpect du Firmament,

Car vous faurez que dans la toile
Votre ferviteur, cette nuit,
Ne coucha, ni fur un châlit,
Mais que, prefque à la belle Etoile,
Il répofa fes petits os,
Ainfi que fit fon camarade,
Sur un matelas fi mauffade,
Que fes reins, fes jarrets, fon dos,
Son col & toute fa figure,
En eut durable meurtriffure,

Ce matelas fi galant ne fut autre chofe que le plancher du batteau, fur lequel, fauf refpect, s'étendirent les voyageurs, qui, comme on peut s'imaginer,

(5)

Ne trouvant pas la plume moëlleuſe.
Apoſtrophoient avec termes peu ſaints
    Les abiétiques couſſins
    Et la valiſe douloureuſe
Qui miſe en long , formoit leurs traverſins.

Heureuſement pour nous , que poſ-
ſeſſeurs d'un des petits cabinets particuliers de ce bâtiment , nous fumes
parlà préſervés de la fraicheur dan-
gereuſe de la nuit. Nous vîmes lever
l'aurore avec un plaiſir inexprimable ,
& connu ſeulement de priſonniers
qui voyent approcher l'inſtant de
leur délivrance. Cette Nimphe aux
doigts de roſe nous annonçait un
beau jour ; effectivement il fut tel ,
à un peu de froid près. Enfin ſept
heures ſonnérent ; Montereau parut ,
& nous débarquâmes en nous frottant
les yeux qui euſſent préféré des ténébres tranquiles au jour le plus brillant. Il s'en falloit beaucoup que le
travail de cette journée fut rempli.
Nous ne devions dîner qu'à Sens &
nous n'avions pas de tems à perdre ,
mais il falloit une voiture. On nous
en indiqua bientôt une très-commo-
de dont la peinture pourra t'amuſer.
A iij

C'étoit un de ces Phaétons
Assemblé sur deux forts bâtons
Que limons, je crois, on appelle:
Aux flancs, sur une double échelle,
Un canevas ciré, pourri,
Jouoit le velours cramoisi:
Cinq cerceaux, à distance égale,
Surmontés d'un drap jadis vieux
Qui par maint trou montre les Cieux
Composoit notre impériale.
Les siéges faits d'un goût nouveau
N'étoient, au vrai, que le niveau
Du plancher de cette voiture,
Ou par une double ouverture
A l'aide de deux ais sciés,
Un cran plus bas romboient nos pieds;
Delà tu concluras peut-être
Que l'horisontale fenètre
Sur nos pieds suspendus en l'air
Laissoit jouer le froid hiver:
Justissime est la conséquence;
Mais par l'extrême prévoyance
Du maître du cabriolet,
On ne craint point ce triste effet.
Deux paniers d'excellent usage,
Liés dessous comme une cage
Font à huit jambes un soutien;
(Bien solide, je n'en crois rien.)

Par tout la paille bienfaisante
Remplace & la plume & le crin,
Et sans son humeur complaisante
Il n'est fessier qui n'eut sa fin,
Frappant sans cesse le sapin
Qui le met en capilotade
Par la trop fréquente saccade
Des cahots & du long chemin.
Mais le plus drôle est la posture,
De chaque double créature
Que porte ce Char peu plaisant :
Deux sont qui tournés par devant,
Ont pour objet la haridelle
Que sans cesse le fouet harcelle ;
Deux autres leur tournant le dos,
Ici rappellent à propos
Des Fils Aimon l'ancienne Histoire,
Que certain auteur donne à croire,
Et dont en classe on est bercé,
Mais dont rit tout homme sensé.

Tu ne peux douter maintenant de
la sensualité avec laquelle nous avons
roulé jusqu'à Sens, je pense que tu
douteras encore moins de la satisfac-
tion avec laquelle nous sommes descendus de notre équipage sur les
onze heures dans la ville susditte. Je
ne t'en ferai point la description,

elle n'en vaut pas la peine : tu ſais peut-être avant moi que toutes les rues ſont nétoyées par la petite riviere de Vanne, lorſqu'on le juge à-propos ; que la Cathédralle eſt aſſez belle, & décorée d'un Maître-Autel par Servandoni.

Il eſt dans cette ville une · vieille tour ruinée, ſéjour des hiboux, d'où l'on domine ſur le pays : je n'ai point manqué d'y monter, & pour preuve de ma hardieſſe.

> J'ai dépoſé ſur l'épaiſſeur
> Du mur de cette ample maſure,
> (Non ſans travail & ſans douleur)
> Certain monument de nature
> Trop faible hélas pour réſiſter
> 'Au Dieu puiſſant qui ſe fait redouter ;
> Par les rayons de ſa criniere.
> Mais quoi ? ſi ſous cette hémiſphere
> Le plus dur roc doit avoir une fin ;
> Pourquoi vouloir qu'une molle matiere
> Seule évitat les décrets du deſtin ?

Après donc avoir abandonné aux mouches ce pauvre orphelin, je ſuis deſcendu ſain & ſauf, non ſans m'être penſé vingt fois caſſer le col.

Nous n'avons pas jugé à - propos
de faire un dîner d'auberge, & mon
compagnon qui a le palais fenfuel
m'a conduit à une demi-lieue de diftance au Château d'un digne Con-
feiller de Grand - Chambre fon pa-
rent , chez lequel ;

    Un Majordome fort poli
A réchauffé nos froides Seigneuries :
    Puis d'une foupe , d'un bouilli,
D'un bon civet , de deux perdris roties ;
    Enfemble quelques autres plats ,
    A reftauré nos eftomacs.

Une pareille réception nous parut affez douce , & prudemment nous
y foupâmes, bien fûrs d'y trouver
des matelats plus tendres que ceux
du coche ; auffi la nuit fut - elle bien
employée. Qu'elle fut courte ! il fallut
repartir de bon matin pour nous
rembarquer dans un cabriolet pareil
à celui dont je t'ai fait le tableau :
un ample déjeûné nous donna des
forces pour réfifter à ce fupplice,
& gagner Auxerre après avoir dîné
à Joigny , & avoir éprouvé le froid
le plus rigoureux, qui dura encore

A v

près de deux jours. Dès que nous eûmes brulé un fagot, nous allâmes retenir nos places à la diligence de Lyon, & de là nous coucher.

> Mais à peine a-t-on les yeux clos
> Qu'un cocher, que le diable emporte !
> Chandelle en main, enfonce votre porte,
> Criant qu'on a mis les chevaux :
> Force est de quitter la paillasse,
> On peste, on jure, & le tout vainement :
> Point de quartier ; baillés, faites grimasse,
> Si vous ne courez vîte, on part sans compli-
> ment.

Il n'étoit que trois heures du matin, ou plutôt de nuit, lorsqu'il nous fallut empaqueter dans cette berline de forte taille ; nous comptions y trouver bonne & nombreuse compagnie ; mais tout se réduisit à une pucelle de soixante ans au premier étage, car le second étoit meublé d'un Tailleur & d'un Capucin. Il n'est pas difficile de deviner qu'une poulette de douze lustres étoit, quoique seule, en sureté avec des gars de six à sept.

____

* L'impériale de ladite voiture forme comme le deuxiéme étage.

Aussi très-court fut le salut ,
En mots on ne fit pas dépense ;
La chandelle ôtée , on se tut ,
Et bientôt de son existence
Graces aux bienfaisans pavots,
Chacun perdit la connoissance ;
Dans son coin ronfla d'importance.
Sans s'appercevoir des cahots.

Tout en roupillant nous nous trouvâmes à Vermenton, où nous nous réchauffâmes avec un fagot & un verre de vin. J'eusse desiré y rester assez de tems pour visiter l'habitation de vendanges d'un Philosophe aimable * de ta connoissance, dont je fais gloire d'être l'ami. Pour en rappeller le souvenir.

C'est lui dont le pinceau flateur
Heureux rival de la nature,
Prouve par sa couleur si pure
La rectitude de son cœur.
Si je goûte de vrais plaisirs
En cultivant cet Art suprême ,
C'est à sa complaisance extrême
Que je dois le bonheur de mes sages loisirs.

* Monsieur S. J. Professeur de l'Acadé-
mie Royale de Peinture.

A v

A ce tableau tu reconnois l'homme
excellent, qu'on ne peut trop culti-
ver; je dois à sa modestie de taire son
nom. Après donc avoir pris des forces contre le froid, nous remontâmes dans notre Gondole roulante,
que sans doute , un Suppôt de
Plutus regarderoit comme un Tom-
bereau , indigne de contenir & de
voiturer sa grasse nonchalance, mais
où

Tout pauvre diable d'A....r
Qui dans l'affreuse cariole
'A supporté la glace, & les rigueurs d'Eole,
Monte & chemine de grand cœur.

Arrivés sur les onze heures à Cussy-
les-Forges , un digne ou indigne
Enfant de saint François nous dé-
pêcha une Messe, à cause du jour du
Sabat; après quoi nous fîmes avec
dévotion l'office de la machoire, &
nous prîmes la route de Saulieu, où
la nuit nous parut aussi courte que
la précédente. Il fallut partir malgré
la neige, & tirer vers Ivry pour se
rendre le soir à Châlons. Le chemin de Saulieu à Châlons fait ap-

percevoir à un Parisien qu'il n'est plus dans sa Capitale, ni aux environs : au lieu d'un pavé quarré & commode, ce ne sont que de petites pierres presque rondes, qui blessent les pieds des gens délicats. On commence à voir des toits applatis couverts de thuiles courbes , & excédents les murailles de deux ou trois pieds. Ce détail ne t'intéresse gueres sans doute ; il vaut mieux te parler du souper que nous y avons fait , & te conter comme quoi notre persévérance nous a valu bon gite & bonne Compagnie. Il n'est que tu ne saches, qu'au moyen de l'argent donné à la Diligence , c'est elle qui se charge de nourrir les Voyageurs : elle s'en acquitte fort bien, & quoi que nous fussions dans la Quarantaine Sainte , ceux qui avoient voulu désobéir à l'Eglise , avoient toujours trouvé de la chair le long de la route, & péché sans contradiction.

Partant, au souper bonnement
Nous attendions un gras potage
Et quelque piéce de charnage ;
Mais il en fut tout autrement.

Du gras, Meſſieurs, dit d'un ton aigre
L'Hotellier du Bœuf Couronné,
Que je voudrœ qui fut damné,
Cocu, pendu, noyé dans le vinaigre,
Teigneux, goutteux, par le virus miné,
Allez, vous n'aurez que du maigre :
En ce tems de dévotion
C'eſt bien aſſez qu'œufs & poiſſon....
Qu'entendez-vous ? pendant toute la route
Mets gras ſur table ont ſans ceſſe paru,
Gardez vos œufs. Garder ? laze me f....
Si je vous ſers la valeur d'un fétu
En chair ; elle eſt ici de contrebande
En ce tems... Mais dès la qu'on en demande
Il en faut ; c'eſt le droit du voyageur :
Nous en voulons : ainſi mon beau Monſieur,
Sans raiſonner il faut nous ſatisfaire.
Soudain le drôle enflammé de colère
De B. d'F. du mieux détachés
Nous débite une kyrielle,
Et la femme, pour nos péchés
Se met auſſi de la querelle.
Dans ce tintamare de chien
Un habitant de la Garonne
Eut fait fracas : mais le Pariſien
Pour tuer, a l'ame trop bonne,
Nous calmons donc notre fureur,
Et tout droit chez le directeur

De la fusdite diligence
Nous allons conter notre chance,
Sans oublier ni les f. ni les b.
Notre faquin est justement daubé ;
On vous lui diligente un ordre
De nous faire tranquillement
Violer le commandement ;
Mais le drôle n'en veut démordre,
Quoiqu'au croc il eut maint chapon
Que bien vîte il cacha, dit-on.
Selon lui, nous devions d'un ton de politesse
Supplier qu'il voulut par grace nous donner
Ce que nous avions cru lui pouvoir ordonner.
Sa Seigneurie alors nous eut avec largesse
Distribué le gras, que sa délicatesse
A nous gens impolis ne voulut profaner.
Notre vilain jugea probablement
A notre accoutrement modeste,
A notre barbe longue, enfin à tout le reste;
Que n'étions nullement
Gens de calibre respectable ;
Et c'étoit en effet, croyance assez probable :
Mais un instant après,
Il apprit à ses frais
Que l'habit ne fait pas le Moine ;
Et bien put-il fumer sans tabac ni bétoine,
Car nous quittâmes ce mutin
Pour entrer tout droit au Dauphin

Où bonne & grande compagnie
Nous reçut sans cérémonie :
Le vin, le souper, tout fut bon,
On eut chaire de Commissaire ;
Par le retard notre estomac glouton
Dévora de bonne manière,
Le tout aux dépends du maraud
Dont nous bénissions la sottise ;
Qui vit gâter sa marchandise,
Et peut être depuis aura parlé moins haut.

Après avoir accordé un temps de repos plus honnête cette fois à nos membres fatigués, nous quittâmes la terre pour tâter encore de la plaine liquide. Ce fut sur les eaux de la Saône que nous voguâmes ce jour & le suivant. La Compagnie étoit assez aimable, sur-tout un jeune Officier Holandois, homme opulent, dont le phlegme & la politesse sans affectation, nous firent admirer la force d'un bon Gouvernement sur le cœur des Citoyens. Au nombre de nos Compagnons de voyage, étoit un homme remarquable, dans un autre genre.

Un Président d'assez forte encolure
A rouge trogne, à cheveux gris,

Peu propre aux travaux de Thémis,
Grand voyageur de fa nature ,
Chériffant l'humide Elément
Blanc pour voguer , rouge pour boire,
Toujours joyeux, & fi l'on croit l'hiftoire,
Ne vivant jamais plus content,
Qu'alorfque la Saone puiffante
Voiture fa malle péfante
Soit à Chalons , foit à Lyon :
Ce fiér Marin depuis nombre d'années
A fçu manger plus de guinées
Dans ce trajet , que n'eut fait un colomb
Pour découvrir une Amérique.
Notre Magiftrat ne fe picque
De vivre dans les tems futurs ;
Il trouve avec Bachus des plaifirs bien plus
        furs,
Pour lui tout rivage eft rivage ;
Dans la Saone il croit voir les plus lointaines
        mers
Et dans le cours de fon petit voyage
Il admire tout l'Univers.

En ajoutant aux plaifirs de cet
homme fingulier, celui de fredon-
ner des Chanfons de Marinier de
toute la force de fon larinx , tu auras le portrait complet du perfon-
nage. Souvent la détonation de fes

fons n'avoit rien de flatteur à beaucoup près pour nos oreilles ; mais il
faut rendre juftice ou à fa prudence,
ou à fon humilité, dont il nous donnoit une preuve non équivoque, en
fe tenant le plus fouvent dans le
canton des Bateliers. Je ne dirai rien
de la Ville de Mâcon, & je te con-
duirai tout de fuite à Lyon, où je
fuis arrivé à quatre heures de l'après-
midi, après avoir remarqué en
paffant

> Certaine petite Cité
> Affez fameufe dans l'hiftoire,
> Qui tient toute fa gloire
> D'une riche Société
> Qui maintenant, pár un fatale revers
> Affez difficile à comprendre,
> Se voit prète à tomber en cendre,
> Après avoir long-tems affervi l'Univers.

Tu devines aifément que la Ville
dont je veux parler, eft celle où
s'imprime un Journal que tu as douze
fois l'an entre les mains. Parlons de
Lyon. Je ne fçai fi tu as vû cette
Ville & fes environs. Un Parifien
tout Parifien qu'il eft, & par con-

féquent enclin à dédaigner toute au-
rre Ville que la fienne , doit rendre juftice à celle-ci. Il faudroit bien
de la prévention pour ne pas être
flatté de la belle décoration en amphitéâtre que préfentent , quelques
milles avant Lyon , les bords de la
Saône , garnis d'un nombre confidérable de maifons de plaifance & Châteaux de bon gout , ainfi que de celle
que forme en pareille genre la portion de la Ville même qui fait face
au quay de la Saône. Il faudroit être
bien difficile pour n'être pas content
du magnifique quay du Rhone , du
beau Bâtiment moderne dont il eft
enrichi ; pour ne pas trouver agréable & noble cette Place renommée
de Bellecour , large de deux cens
pas , longue de quatre , que les Edifices elégans , les Fontaines , les Statues & les arbres verdoyans s'empref-
fent d'embellir , fans cependant une
réguliere fimétrie. La Salle moderne
de Spectacle mérite l'attention par
fon élégance au dedans , & l'intelligence de l'Architecte , pour procurer au Public toutes les commodités
poffibles , & parer à tous les em-

barras qu'entraîne ordinairement le nombre des Spectateurs & de leur suite. Mais il est permis à tout homme qui va à pied de trouver de fort mauvais goût le pavé de cette grande Ville, fait pour estropier les Fantassins. Il est aussi permis de se plaindre du zèle trop marqué du petit Peuple envers les Voyageurs qui arrivent sur la Diligence ; car à peine approche-t-on du Port,

> Qu'un troupeau de noires nayades ,
> Jouant de l'aviron avec des bras nerveux ;
> Vous préparent de loin plus de vingt escalades ,
> Et vous dévorent des deux yeux.
> Ces Nimphes à cotillon sale
> En un instant ont franchi votre bord ;
> Et malgré vous , après leur pétulent abord ,
> L'une s'empare de la malle ,
> Une autre, du porte manteau
> Prétend de son côté se rendre la maîtresse
> Mais il advient que de façon traîtresse
> Une rivale accourt, lui frotte le muzeau ,]
> Et se saisit de la valise :
> Le succès de telle entreprise
> Dépend d'un combat furieux ;
> Il en coute un bonnet, des flocons de cheveux :

Jupiter pour se faire entendre
En cet instant critique éclateroit en vain.
Le voyageur surpris , inquiét, incertain
Ne sait comment se faire rendre
Ses meubles envahis par l'escadron bruyant :
S'il n'ose paroître méchant,
Et si mots menaçans ne sont mis en usage,
Bientôt c'est fait de son bagage ,
Il lui faut obéir, & payer chérement
Et le transport & la lente voiture,
Heureux , si dans la conjoncture
Il n'a perdu qu'un paquet seulement.

Il est assez singulier que les Batteaux ne soient conduits que par des Femmes. Comme nous étions trois, il nous fût plus aisé de nour tirer des griffes de ces Harpies. Nous préférâmes un Fiacre, qui nous conduisit nous & nos paquets plus agréablement & en moins de temps au gîte que l'on nous avoit indiqué. Notre but n'étant pas de séjourner pour lors dans cette belle Ville, mais d'aller en avant; après en avoir parcouru rapidement les beautés , avoir rendu une Visite intéressée à nos Banquiers, hommes très-aimables , nous partîmes dans une Chaise à deux

Chevaux avec le Conducteur de laquelle, nous avions fait un marché
fous feing-privé, double, pour nous
conduire à Genêve, à Grenoble, &c.
Et nous rendre enfuite à Turin.

Junon n'avoit pas, pour nous plaire;
   Débarbouillé fon teint obfcur;
   Le firmament de fon azur
N'embelliffoit point l'Emifphère :
   Un petit Déluge importun
   Rafraichiffoit outre mefure
Nos Seigneurs, qui dans leur voiture
   Euffent bien defiré , chacun
   De pouvoir clore la paupiére,
   Et tranquillement digérer
   Et la Volaille & le Gibier ,
   Et le Bourgogne, & le Madère,
   Dont un Magiftrat trop preffant
   Avoit en bonne compagnie,
   Lefté , par grande courtoifie
   Leur eftomac trop complaifant.
   Cette infortune paffagere
   N'arrête pas le Voyageur,
   Surtout quand la mouffe legere
   Du Champagne, échauffe fon cœur;

Auffi foutînmes-nous fort brave-
ment l'intemperie de l'atmofphere,

Nous ne fîmes que chanter les louanges des Citoyens aimables de cette Cité floriffante , & fur-tout de celui dont le dîner fplendide nous fournifloit tant de courage ; & nous nous vîmes infenfiblement au Village de la Verpilliere , où devoit fe terminer notre courfe. Le fouper nous inquiéta peu. Le plus intéreffant pour nous étoit de dormir. Le lendemain de grand matin , il fallut partir pour aller dîner à la Tour-Dupin , où nous entendîmes la Meffe , plus un petit Prône en l'honneur du Dimanche de la Paffion ; & après un dîner relatif au temps de pénitence . nous roulâmes , & fur les quatre heures du foir nous nous trouvâmes au Pont de Beauvoifin. Sous lequel coule le Guer.

Ce Pont , mais tu le fçais fans doute ,
   Eft *le non plus ultra*
   Que la France fur cette route
   Probablement poffédera :
   Et pour parler fans métaphore ,
   La moitié feule eft à Louis ;
   Uu Duc fouvent fatal aux Lis ,
   Son Ecuffon , fur l'autre, arbore.
   Du Commis l'air plein de hauteur

Annonce au Voyageur
Qu'il lui faut trouver dans fa bourfe
L'immanquable reffource,
Pour éclaircir le front le plus obfcur :
Aucun Sbyrre * ne vous retarde,
Et comme ailleurs, chez lagent Savoyarde
Eprouvés le Talifman fûr
Que porte avec foi la monnoye ;
Perfonne ne vifitera
Malle, Valife, & cétéra,
Tout reftera fous la courroye.

Nous ne nous fîmes pas tirer l'oreille , & montrant dans la même main la clef de la Valife *& le Portrait de Louis XV.* l'Employé Savoiard , fans doute par la curiofité refpectueufe qu'il avoit pour notre grand Monarque , ne balança pas à choifir le dernier. Nous n'eûmes pas fait un mille que nous nous trouvâmes engagés dans les Montagnes qui font la fureté de ce Païs. Ce fût alors que nos yeux commencerent à s'ouvrir , que nous pûmes faire des comparaifons, & que nous commençâmes à ne regarder que comme des champignons , pour ainfi dire , ce

------

* Commis.

que

(25)

que les Parisiens appellent Montagne.

Les Pierres fans nombre dont le chemin est semé, rendent les Cahots fréquents,& ne réjouissent point ceux qui les éprouvent. Mais ce qui rassure mal les ames timides, c'est le peu de largeur qu'a la voye en plusieurs endroits, l'aspect des Rochers immenses suspendus, & menacant d'écraser le Passant, & la profondeur du précipice où l'on culbuteroit, si l'on n'avoit un Conducteur prudent. Nous n'avions pas le loisir de réflechir à tous ces dangers, tant nous étions occupés à mesurer des yeux avec admiration ces masses énormes où l'art des hommes a sçû leur frayer des chemins. Nous descendîmes de Chaise pour pouvoir contempler plus à loisir ces beautés effrayantes ; & quoique quelques jours auparavant un cheval eût été, selon le bruit public, écrasé par des quartiers de roc, & que le Cavalier ne fût guères en meilleur état, nous n'en arrêtâmes pas davantage notre marche, nous résignant à la volonté de la Providence, qui tient nos jours en sa main, & nous voulûmes jouir de ces variétés inconcevables de la nature ; la beauté du Ciel nous favorifoit ; nous arrivâmes agréablement à la couchée dans un Village dit *les Echelles.*

> Là , notre nourriture
> Ne fut pas celle de Paris.
> Pain falé prefque bis ,
> Et dur outre mefure :
> Vin âpre , écorchant le gofier ;
> Pour vitre , aux chaffis du papier ,
> Portes fans fermeture ,
> Matelats faits pour que nature
> S'accoutume à fouffrir :
> Et par deffus , pour fe couvrir
> Certaine étoffe moëlleufe
> Dont le contact dûr comme Roc
> Sur la peau , par le moindre choc ,
> Formoit fenfation douloureufe.

Tel fut notre fort pendant cette nuit, dont probablement tu n'envies pas le bonheur , mais auffi eft-on moins pareffeux , & jouit-on infailliblement du fpectacle de la brillante Aurore. C'étoit d'ailleurs une préparation à la vifite fainte que nous devions faire le lendemain. Nous partîmes de grand matin , montés comme

des Saints Georges fur des Locatis
Savoyards , précédés d'un Guide ; il
fallut quitter les terres du Duc pour
repaffer fur celles de France , & après
une route affez longue , nous arrivâmes au pied du Defert de la grande Charrreufe. Tu fçais que c'eft le
Dauphiné qui poffede cette Retraite
fameufe où un nombre affez confidérable de Réclus viennent s'enterrer
tous vivans, & peut-étre payer fouvent un moment de ferveur, par des
années de repentirs & de larmes fe-
crettes. Ce feroit fans doute un grand
cadeau à te faire, que de te tracer
un tableau fidele , & de ce lieu fingulier , & des Anges qui l'habitent ;
mais je n'ai point de crayons affez
vigoureux, ni de couleurs affez fortes
pour me flatter d'y pouvoir réuffir ;
ainfi tu auras pour agréable de te
contenter de quelqu'efquiffe légere ,
c'eft tout ce que je peux pour ton
fervice.

Ce que l'on nomme le Défert, eft
fermé d'une porte-cochere ronde,
que les Voitures ne paffent point,
cela n'eft permis qu'à la Cavalerie.
Cette porte étoit fermée, notre Gui-

de frappa ; dans l'inſtant elle s'ouvrit comme par enchantement , nous en- trâmes ſans ſçavoir comment cela s'é- toit operé , & ſans trouver ame à qui parler. Depuis nous avons ſçû que l'Enchanteur étoit un Religieux , qui d'une petite chambre au-deſſus , tire un cordon ſans ſe montrer , & voit par un trou-du plancher , ceux qu'il a introduits.

Cette porte une fois paſſée :

> Imagines-toi de ton mieux
> Des maſſes incommenſurables
> Qui, de leurs cimes reſpectables,
> Qu'à peine découvrent les yeux ,
> Semblent oſer fendre les Cieux :
> Autant s'éleve à gauche, autant à droite :
> Entre ces Rocs une diſtance étroite
> Forme une abîme périlleux
> Dont à bon droit , la profondeur étonne :
> L'Onde qui roule par torrens
> Dans ce gouffre , mugit , bouillonne ,
> Combat les obſtacles fréquens
> Qui retardent à leur paſſage
> Ses flots de fureur écumans.
> Tout eſt ſans bord , & ſans rivage ,
> Et du talus preſque droits ſont les plans.

Du Voyageur la route circonfléxe
A quelques fix pleds de largeur :
Sur telle baze on peut-être perpléxe,
Sans pour cela manquer de cœur ;
Surtout lorfque ce plan factice
Emprunte fa folidité
De pins entrelacés, fur qui la vétufté
Exerce à la fin fon office.
Souvent le Roc au vif coupé
D'une voûte prend la figure,
Mais du paffant, dans telle conjonĉture
L'efprit n'eft pas moins occupé.
Le moindre éclat pourroit fuffire
Tombant de haut, pour vous occire ;
Là, tout poltron doit cheminer
L'œil prefque clos, fans rien examiner :
Pour nous, d'une ame peu timide,
Nous avons parcouru ces fentiers dangereux :
Enfin, après une heure ou deux
D'une marche intrépide,
Toujours grimpans, nous avons vu ce lieu
Où l'on vit pour mourir, où l'on meurt pour
fon Dieu.

'Après avoir marché fi long-tems,
nous nous étions imaginé devoir être
parvenus au fommet de ces montagnes. Quel fût notre étonnement,

B iij

lorſque nous vîmes que la Chartreuſe étoit environée de cîmes ſi élevées, qu'il auroit fallu encore autant de tems pour parvenir ſur leur véritable croupe.

Quoique la préſence du ſoleil nous eût fait éprouver un peu de chaleur à meſure que nous montions, les cours du Monaſtere & les environs n'en étoient pas moins couverts de neiges. Ces Religieux ont abandonné leur ancien logement, où étoit la vraie Retraite de Saint Eruno, à cauſe des éeroulemens des rochers qui avoient abregé trop à pluſieurs d'entr'eux les années de pénitence, & ſe ſont établis dans un emplacement aſſez ſpacieux, pour être à l'abri de pareils accidens.

Car bien qu'on mépriſe la vie ;
Comme un exil, comme un tourment,
Nul ſolitaire n'a l'envie
De la quitter trop promptement.

Cet Edifice eſt très-conſidérable tant pour le logement des Moines, que pour les Magaſins, les âtelliers néceſſaires, où un grand nombre d'Ouvriers travaillent pour l'entretien des Bâtimens, des Eaux, du Chemin de la montagne, dont la dépenfe eft onéreufe. J'ai remarqué que les toits font coupés en beaucoup de petites parties imitant des pavillons, & ce, fuivant ce que nous a dit un Religieux, pour qu'ils fupportent plus aifément le poids des neiges, qui y féjournent pendant une partie de l'année. Les couvertures font d'ardoife, & les toits font bordés de fer blanc. Leur Cloître a environ cent toifes de longueur, taillé, quant au plancher inférieur, dans le roc vif. L'Eglife n'a rien de remarquable, finon des boiferies de pieces de rapport, faites avec beaucoup d'art; ces piéces font prifes dans les tumeurs ou excroiffances qui viennent aux arbres, & que nous nommons *Loupes* ; il s'y trouve des accidens pittorefques très-finguliers.

Soixante Religieux environ, habitent ce Monaftere, ils ont en outre des Freres de tous les métiers, qui veillent aux ouvrages & dirigent les Ouvriers. Chaque Pauvre qui fe donne la peine de monter à la Chartreuſe, reçoit ſix ſols & une aſſiette de ſoupe. Les Chartreux ne ſe ſervent à table que d'inſtrumens de bois, comme écuelle, cueiller, gobelet, ils n'ont point de fourchettes ; un couteau à lame élargie par l'extrêmité, leur en tient lieu.

Je doute qu'ils mangent des méts bien délicats : mais j'ai éprouvé qu'ils traitent bien leurs hôtes. Nous y avons été reçus avec toute la politeſſe & la prévenance poſſible.

Après avoir dépoſé ſuivant l'uſage, nos armes chez le Portier de cette maiſon de paix , nous fûmes conduits par *Dom Savro* , Coadjuteur, dans la ſalle des Hôtes, où un feu violent nous fit un grand plaiſir. Nous demandâmes à ſaluer le Général de l'Ordre , & l'on nous conduiſit chez le R. P. *Dom Biclet*, homme de haute taille , dont la corporence maigre prêchoit d'exemple, & répondoit parfaitement à l'idée que l'on ſe fait d'un vrai Charteux. Il nous reçut avec beaucoup d'affabilité; une petite demi-heure de converſation ſuffit pour nous prouver que ſa modeſtie nous voiloit beaucoup de mérite. Au fortir de chez lui , nous fûmes conduits dans la même falle d'Hôtes où le dîner nous attendoit. On nous fit un million d'excufes de ce que le poiffon ayant manqué, nous ne pourrions être traités felon notre état, & qu'il nous faudroit mourir de faim. Cependant une foupe au ris, à l'eau & au fel , deux plats de poiffon d'eau douce , trois plats de légumes , du cervela de poiffon confervé dans l'huile, & cinq plats de déffert nous parurent fuffifants pour deux perfonnes. Tu vois que c'étoit être affez joliment traité pour un lundi de la Paffion ; notre pénitence n'étoit pas rigide. Le vin , il eft vrai , n'étoit pas flatteur , mais tu fçais qu'à mon égard ce feroit , *Margaritas antè Porcos.*

Nous fîmes, je te jure, honneur
A la cuifine monacale :
Notre faim étoit fans égale ,
Il falloit reprendre du cœur
Pour bien terminer la journée.
Les dangers de la matinée
Avoient augmenté l'appétit ;
Il ne refta pas un bifcuit ;

B v

Nous faisions si belle besogne,
Que le Moine toujours présent
Nous aura pris certainement
Pour échappés de la Gascogne.

Au reste il ne fût point trop effrayé de nos talens dévoratoires, puisqu'il nous fit des instances sans fin pour nous engager à coucher. Cet arrangement n'entrant point dans nos calculs, nous n'acceptâmes point ses offres.

A peine eûmes-nous diné qu'il nous présenta un Registre, dont nous ignorions l'usage. J'en parcourûs quelques feuillets, & je vis que ce livre étoit le Mémorial des Noms de tous les Voyageurs de certain rang que ces Religieux avoient hebergés : je remarquai de plus que personne n'y avoit inscrit son nom, sans l'avoir fait précéder d'un petit compliment pour ses Hôtes. Delà je crois avoir droit de conclure,

Que sous le cilice & la haire
Autant que sous l'habit doré,
Dame Vanité sçait se faire
Partout un asyle assuré.

Il falloit donc suivre les exemples
indiqués, écrire ses noms, glisser un
mot d'Eloges. C'est-là où Monsieur
l'A.... se trouva penaut, & le tout
par vanité. Ne pouvoir assaisonner
cette époque remarquable de quelques ragoûts du Parnasse , eût été
chose impardonnable à un Poëtereau,
qui a bonne dose d'amour propre. La
résolution fût bientôt prise , c'étoit
de faire plutôt du mauvais, que de
ne rien faire du tout.

En conséquence je me promenai
en long & en large, tandis que mon
compagnon amusoit à dessein notre
Coadjuteur ; je me grattai le front
de toute ma force , & je vouai à
Apollon un cierge qu'il ne mérite
pas que je lui paye, car voici tout
ce que j'en ai pû obtenir.

> J'ai vû ces Rocs affreux ,
> Ces neiges blanchissantes ,
> Ces sentiers dangereux,
> Ces ondes gémissantes,
> De voir à chaque instant leurs flots trop res-
> serrés ;
> Mais s'il est des objets dignes d'être admirés

C'eſt de ces ſaints réclus le zéle infatigable
Qui leur fait éprouver dans ce Site effroyable
Les plaiſirs les plus doux , & paſſer d'heureux
jours
Inconnus à la ville , inconnus dans les Cours.

Nous ſommes arrivés ici le 21 Mars 1763 à 10 heures du matin, & après avoir été comblés des politeſſes de ' om Biclet Général de l'Ordre, & de Dom Savro Coadjuteur, nous avons quitté ce déſert, admirable, tant par les ouvrages de la nature, que par la ſainteté qui y régne , le même jour à quatre heures après midi. Signé B ..... A ..... & de R. A..... — D. C.

Après avoir écrit mon impromptu, qui eut probablement été meilleur , ſi j'avois été prévenu ; nous avons refermé ce livre précieux qui conſacre nos noms à la poſtérité, & l'avons rendu à Dom Savro, qui nous a fait voir toute la maiſon & nous a apris à juger de la hauteur de ces montagnes, en nous faiſant remarquer ſur le ſommet une croix, dont l'apparence étoit d'un pouce au

plus de hauteur , & dont la proportion réelle étoit de vingt pieds.

Nous aurions bien defiré de véri-
fier nous - mêmes ce qu'il nous avançoit : mais outre qu'il eut fallu deux
ou trois heures de tems , les chemins à ce qu'il nous dit , en étoient
trop dangereux , nous aurions rifqué
ou d'être enterrés dans les neiges ,
ou de glifer en bas des précipices ,
fans efperance d'y jamais remonter.
Ma prudence t'eft affez connue pour
que je n'aye pas befoin de te dire
le parti que nous avons pris. Nous
nous fommes contentés d'aller voir
travailler les Freres dans les âteliers.
On nous montra une tonne de bois
de fapin , nouvellement conftruite ,
capable de contenir foixante - dix
demi-queues de Bourgogne. Cette
liqueur eft aparemment aufli néceffaire au foutien de la dévotion,qu'elle
l'eft peu dans le fait pour la fanté,
car c'eft d'elle dont on s'impofe le
moins de privation. Ce qui me réjouit, ce fut de voir,

Un Frere à barbe vénérable
Lunettes fur le nez, & la fcie à la main,

Le jupon trouffé fur le rein,
Sciant d'un zèle infatigable
Une voliche de fapin,
Aidé d'un jeune camarade
Lequel auroit doublé le train,
S'il n'eut craint de rendre malade
Son Frere en Dieu, qui plus eft, fon ancien.
L'habit fentoit la Mafcarade;
Mais certain air plein d'Onction
De candeur, de fimple innocence;
Me fit refpecter, en filence,
Le vrai dévot, & la dévotion.

Le Portier nous rendit nos armes, & nous remontâmes fur nos Chevaux qui nous attendoient à la porte. Nous étions heureux de pouvoir encore profiter des faveurs du blond Phébus, pour mieux examiner en defcendant, les beautés qui nous avoient échappé le matin.

Ce fut alors que débarraffés de toute frayeur pufillanime, nous fûmes ravis de l'immenfité & de la variété incompréhenfible des ouvrages du divin ouvrier de l'Univers.

Ce défert effrayant perdit de fon horreur;
Notre ame furpaffant la cime

De ces monts, qui du pied touchent l'abîme,
S'éleva jufques à l'auteur.
Par des monçeaux de neige éblouiffante
Ces hauts fommets blanchis
Difputent à l'éclat des Lys ,
Et femblent fiers de l eur couleur brillante.
Bientôt, par les rayons de l' Aftre lumineux
Cette croûte échauffée, en torrens écumeux
Par cent chemins fe précipite.
Un roc , un arbre , un obftacle imprévu
Retarde t-il fon cours? elle s'irrite ,
Mugit , il faut qu'il foit vaincu.
Mais quels tableaux produit la moindre ré-
fiftance
A des yeux un peu connoiffeurs !
Par ce côté l'onde fans bruit s'élance
Et va fe cacher fous les fleurs ;
Une cafcade naturelle
Ici , couvre un large rocher ;
C'eft là , qu'un Peintre doit chercher
Du beau l'infaillible modele.
L'écume, les bouillons , la mouffe , les cail-
loux ,
Les racines , les troncs , le pin, l'if, & le
houx ,
Des fimples bienfaifans les fleurs coloriées
Offrent à fes pinceaux des teintes variées
Et mille tons ou doux , ou vigoureux ,

Que , par leçons , on ne peut bien connoître,
  Et dont , par ſes différens jeux ,
  La nature ſeule , eſt le Maître.
  Dans les terreins , quelle diverſité !
De ſable , ſous le tuf , une couche étendue
  Bien que moindre en ſolidité
  Le porte ſans être rompue.
Sous un immenſe lit du caillou le plus dûr
  Par fois , un mince lit d'argile
  Ou d'ardoiſe au ton gris obſcur ,
  Eſt un ſoutien utile.
  · Le coquillage , en maſſe , ici pétrifié
  Met ma raiſon à la torture ;
 Dans le roc un poiſſon preſqu'identifié
  Rompt ma plus forte conjecture ,
  Confond l'eſprit le plus perçant.
  Tout a droit d'étonner ma vue :
  Je vois monter juſqu'à la nue
Du plus précieux Marbre un amas menaçant
  Dont l'épaiſſeur , en feuilles , ſéparée
  Semble exprès former une entrée
  Aux pics mordans , aux coins aigus ;
  Et préparer des travaux aſſidus
Au luxe dévorant de la race mortelle.
  Par l'eau qui ſourdement ruiſſelle   .
  Ces corps ſi durs , ſont enfin éclattés ;
  De la faux du tems qui tout mine
  Nuls Etres ne ſont exemptés.

Le Cyprès étend sa racine ;
Et son feuillage toujours verd
Sur ces monts, forme une parure
Que n'altére point la froidure,
Et que doit réspecter l'hyver.
Ainsi de cet aspect sauvage
Le Tout Puissant voulut tempérer la rigueur :
Tout est parfait aux yeux de l'homme sage,
Partout il apperçoit le sceau de la grandeur.
Dans les mêmes objets qu'il voit de différence !
Quelle immense fécondité !
Le roc avec le roc n'a point de ressemblance,
S'il est avec soin perscruté.
Sur une base horisontale
Ses divers lits, par fois sont entassés ;
Et par fois on les voit placés
Sur une coupe verticale.
Plans inclinés de toutes les façons
Sans apparente symmétrie,
Fourniroient d'utiles leçons
A l'exacte Géométrie.
Le Perspecteur y trouve, pour son Art
Mille Tableaux faits pour charmer la vue,
Tout paroît effet du hazard,
Si du hazard l'essence étoit connue ;
Mais ce mot dépourvu de sens
Ne comprend que l'Etre Suprême ;
Et tout inventeur de Systême

Se confume à forger .des doutes impuiffans.
Souvent cet ingrat doit fa vie
Au fimple * par lui méprifé,
A quelque foible plante en ces déferts nourrie
Dont le fuc fut analifé.

Oui , mon cher, ces lieux qui d'a-
bord effrayent par leur folitude ,
étalent par la fuite en détail tant de
beautés fublimes , que je ne trouve
point d'expreffions capables de t'en
donner une jufte idée. Malgré cela
je conviens franchement que je ne
me fens pas affez appellé pour me
réfoudre à y finir mes jours. Quelques flattés que nous ayons été de ce
Spectacle unique , nous ne fûmes
point fâchés d'en aller retrouver de
plus ordinaires, & de moins attrif-
tants.

Cheminant donc *piano piano* fur
nos montures vilageoifes , nous par-
vîmmes enfin à la porte Enchantée
dont je t'ai parlé ci-devant; elle fe
trouva ouverte ; après l'avoir paffée
nous regagnâmes l'auberge où nous

* Herbe Médicinale.

avions été couchés si mollement ;
non sans chagrin d'être obligés de
tâter d'une seconde nuit. Elle se passa :
nous montâmes en chaise à cinq heures & demie par un brouillard un
peu froid qui fit place à un beau
jour. Nous chéminions gaiement....

Notre moderne Phaéton
Du fouet pratiquait l'exercice
En fredonnant la petite Chanson :
Mais bien qu'il ne fut plus novice,
Si pourtant il se fourvoya,
Pour la gauche prenant la droite,
Ou le rebours, comme on voudra ;
Et sa cervelle trop étroite
Ayant du vrai chemin perdu le souvenir
Nous fit enfiler une voie
Qui lui donna du rabat joie
Et qu'il ne prendra plus, je crois, à l'avenir,
Bien-tôt nous nous vîmes conduire
Tout au beau milieu d'un torrent :
Tu pâlis : écoute un moment.
De ce torrent, il est bon de te dire
Qu'alors le lit étoit à sec,
Mais nous n'en eûmes pas, pour cela moin-
dre échec ;
Les quartiers de Rocher semés en abondance

Dérangeoient le niveau, souvent d'un pied
ou deux ;
Le Postillon avoit la transe,
Juroit & sacrait de son mieux,
Entendant sauter en cadence
Chaque roue, & sonner ses essieux.
Des Chevaux la jambe affoiblie
Presque à chaque pas fléchissoit,
Et dessus la pierre arrondie
Le fer, malgré les clouds, glissoit.

Juge de l'embarras où nous étions
tous : il nous en auroit coûté quelque
bras, ou quelque jambe, si nous n'eus-
sions pas pris la précaution d'abandonner le Cabriolet & de nous sauver en sautant d'une pierre sur l'autre.
Enfin après une heure de fatigue,
& d'inquiétude, par le plus grand
bonheur, notre pauvre Cocher re-
gagna un chemin battu, sans qu'il
fut rien arrivé de sinistre à ses Chevaux
ni à sa voiture ; nous arrivâmes au
village de Vorep ayant & très-chaud
& très-faim ; nous n'y fîmes cependant
dant qu'une station courte pour laisser rafraichir nos bêtes, & nous gagnâmes le plus promptement que
nous pûmes, la Ville de Grenoble.

Le chemin qui y conduit nous dédommagea de celui du matin, tout nous parut agréable dans cette Vallée un peu ſerrée ſur la gauche & plus étendue ſur la droite, bien cultivée, & arroſée par la rapide riviére d'Iſére.

La Ville de Grenoble eſt aſſez jolie, taillée en petit ſur celle de Lyon. Elle eſt bâtie d'une pierre de Roc griſe, pareille à celle de la grande Chartreuſe ; cette pierre lorſqu'elle eſt polie, imite le marbre ; cuite, elle donne une chaux excellente. Nous avons été contens de la Grand-Chambre du Parlement, du Portail de l'Egliſe des Jéſuites, du Jardin de l'Intendance, de quelques Places Publiques, mais non de l'Hôtel - de - Ville.

De Grenoble nous avons gagné Touai, toujours à travers cette Vallée fertile ; mais nous rachetâmes ces plaſirs par les routes pénibles & riſquabler qu'il nous fallut tenir, l'après midi, pour gagner Chambéri.

Cette Ville nous a paru aſſez bien bât t, ſes fortifications ſont vieilles, la promenade y a de l'agrément.

Nous y vîmes certains minois,
Certains yeux à noires prunelles,
Qui nous lorgnant en tapinois
Faisoient voler les étincelles;
Le chapeau noir finement ajusté
Rend une tête Savoiarde
Dangereuse à qui n'y prend garde,
Et fut un piége à notre liberté.

Le peu de séjour que nous pouvions faire, nous garentit heureusement du danger; nous quittâmes cette Ville attrayante, le lendemain au point du jour, malgré la pluie & la neige. Nous dinâmes à St. Fély, & nous arrivâmes sur les cinq heures du soir à Annecy, très-fatigués, & par l'intempérie de l'air, & par les cahots continuels.

Le voisinage, d'un Lac toujours couvert de brouillards, rend par ses exhalaisons, l'air d'Anneci mal sain. Cette Ville n'a rien de remarquable, sinon le Couvent de la visitation où reposent, enveloppés de riches habits, les corps entiers du grand St. François de Sales, & de la vénérable Mere de Chantal, qui portent bonheur à tout le pays; aussi les offrandes font elles abondantes ; le Saint a pour fa part, vingt-une Lampes d'argent, qui lui prouvent clairement l'étendue de fon crédit.

La foi nous ayant apparemment manqué, notre journée du lendemain fut très-dure. Nous effuyâmes la neige, le froid, les cailloux, & qui pis eft, un dîner déteftable. Ce ne fut qu'à la fin du jour que nous en fûmes quittes. La Ville de Genève enfin fe montra à nos yeux avides, & nous y entrâmes après avoir maudit mille fois la négligence des Savoyards à entretenir leurs chemins.

Si tu t'imagines mon cher, qu'il ne s'agit que de fe préfenter pour entrer dans cette Ville, ton erreur eft bien grande ; nous avons eu à paffer quatre Ponts levis qui uniffent les fortifications très-belles de cette Cité Républicaine. Au dernier l'on nous a arrêté fuivant l'ufage, pour s'enquérir de nos noms & qualités, & de notre demeure future : après avoir fatisfait à ce petit interrogatoire, on nous a expédié un billet de configne, & munis de ce papier nous avons continué en avant. La premiere rencontre a été un enſeveliſſement, que nous nommons à Paris Convoi. La Veuve & le Fils du défunt, marchoient les premiers, & enſuite le corps porté par huit hommes ſur des écharpes noires ; ſuivoient les parens & amis, portant manteaux de deuil, & crêpes.

> A la Cérémonie
> Point n'étoient de ces fainéans
> Qui braillans pour gagner leur vie,
> Etourdiſſent les gens.
> De la cire envain conſumée
> La piquante fumée
> N'y bleſſoit point l'odorat & les yeux ;
> Les parens marchoient deux à deux
> Faiſant lugubre contenance ;
> Et par un tranquile ſilence
> La douleur s'annonçoit bien mieux,
> Que par ces clameurs dont en France
> Cent Clercs payés, d'un front ſerain,
> Fatiguent l'habitant qui paſſe ſon chemin.

Genève doit paſſer pour une belle Ville : ſes bâtimens en général ſont réguliers, pluſieurs ſont ſomptueux. Elle n'eſt point, malheureuſement, aſſiſe ſur un terrein égal, une portion

eſt

est située sur une monticule ; son
pavé n'est pas meilleur par sa forme
que dans tant d'autres Villes voisines,
mais on est dédommagé par d'autres
agrémens. Presque tous les carrefours
sont ornés d'une fontaine ou citerne
pour les besoins du Peuple ; des arcades plus élevées que le troisiéme
étage, & couvertes, mettent le Citoyen à l'abri des injures de l'air ;
outre les rues, mille passages particuliers à travers les maisons, épargnent bien des pas ; des lanternes en
bon nombre, contribuent à la sureté
pendant la nuit. Tout tend à la santé, à la commodité & au bonheur
des habitans ; les boucheries pavées
de pierres d'une largeur considérable, sont entretenues dans une propreté sans exemple ; il y a jusques à
des latrines publiques, nettoyées
plusieurs fois le jour.

Pour obvier à toute mauvaise foi,
les mesures des grains sont creusées
dans la pierre de taille qui forme
l'enceinte de la Halle, & le grain en
coule par un guichet pratiqué plus
bas, dans le sac de l'acheteur.

A quelque distance de cette Halle

font trois grandes cages de bois, où la république nourrit des aigles, (oiseau qu'elle a pris pour Symbole dans ses Armoiries.) Peut-être veut elle imiter Rome qui nourrissoit ses oyes sacrées. Il n'y a que deux promenades plantées dans cette Ville; mais son ornement principal est ce Lac si renommé, long environ de douze lieues sur quatre de largeur, qui contribue en même tems & à sa défense & à son approvisionnement. L'eau en est si limpide & si transparente que l'on voit distinctement le sable jusqu'à une profondeur considérable; mais si de quelque lieu élevé on porte la vue au loin, que l'on découvre d'un côté les montagnes en amphitéâtre, de l'autre les maisons de plaisance en grand nombre, en face une image de la Mer, où mille barques navignent à voiles; c'est alors que l'on ne peut disconvenir de la magnificence du Spectacle.

Dans un Pays Calviniste nous ne pouvions n'être pas curieux d'assister aux cérémonies de religion. La Sainteté du jour de la *Dominica in palmis*, nous porta à visiter le Temple

de Saint Pierre, au devant duquel
eſt un périſtile de ſix belles colonnes
d'une pierre de roc jouant le marbre, ſurmontées d'un fronton pro-
portionné. Qu'elle a été notre ſurpriſe de ne plus trouver dans une
Egliſe, ni Crucifix, ni une image
de Saints, ni tableaux, ni tapiſſeries,
ni inſtrument de Muſique, &c. &c.
On ne voit que des bancs tournés
tout du côté de la chaire; chacun y
a ſa place marquée, & deux ſont
uniquement deſtinés pour les Etrangers. Pluſieurs cérémonies ſe font au
pied de cette Chaire, celle que nous
fûmes a porté de voir étoit un Bap-
tême; elle fut très-ſimple & ſans longueurs inutiles.

> A la petite créature
> Dont la molle & faible ſtructure,
> De l'air craint le contact piquant,
> On épargna maint cri perçant
> Dont ſa poitrine eſt ébranlée;
> Il fut baptiſé promptement,
> Et la multitude aſſemblée
> N'en crut pas moins au Sacrement.

Nous ne fûmes pas moins étonnés
de voir tous les hommes faire leur

priere de bout, tournés vers la Chaire, le nez & la bouche dans leur chapeau dont ils se couvrirent à l'instant la tête, d'une façon selon nous fort indécente.

> De l'Empire du préjugé
> Chaque Nation naît esclave ;
> Qu'avec peine on est dégagé
> De cette générale entrave !
> Ces bonnes gens pensent qu'à Dieu
> On peut adresser en tout lieu
> Ses vœux, sa fervente priere ;
> Qu'il ne blâme point la maniere
> Dont chaque Chef est affublé ;
> Que, dès que le cœur a parlé
> Il est content du sacrifice,
> Et qu'à la pure intention,
> Plus qu'aux dehors trompeurs de la dévotion
> Il aime à se rendre propice.

Ont-ils tout le tort ? Je me donnerai de garde de le décider. Pour n'être point trop remarqués, nous fîmes comme tous les autres. Le Ministre monta en Chaire, mit son chapeau sur sa tête, & fit à l'assemblée un Discours pathétique, débité avec onction, & sans précipiter ses paroles.

Il fut écouté avec une grande attention, accompagnée d'un silence ref-
pectueux.

Le ftile des Pfeaumes où le *tu* eft
employé au lieu de *vous* (ce mot ef-
féminé de notre langue,) en parlant
à la Divinité, nous parût d'une nobleffe finguliere, & nous fortîmes,
beaucoup plus fatisfaits du débit du
Prédicant & de l'attention de fes Auditeurs, que de ce qui fe pratique
dans nos Eglifes Catholiques Romai-
nes. Le chant des Pfaumes eft affez
lent, & très-peu facile à retenir.

Aller à Genève fans aller aux Délices * & fans chercher l'illuftre poffeffeur de cette habitation, ce feroit aller à Rome fans voir le Pape.
Nous n'avions garde de commettre
une telle faute ; auffi dès le lendemain matin de notre arrivée dans
cette République, nous fommes nous
tranfportés dans ce gentil manoir ;
mais une indifpofition retenant au
lit l'homme par excellence, nous
nous fîmes écrire comme vifite, &

---

* Maifon de plaifance.

l'on nous pria de vouloir repasser l'après-midi. Nous n'eûmes rien plus à cœur que ce rendez-vous ; nous retournâmes fur les trois heures, & nous vîmes enfin.

Cet Auteur immortel dont le fecond Génie
    En tout genre exerçant fon feu,
    De la fublime Poefie,
    De l'abftraite Géométrie
     Se fit un jeu.
    Qui ne parla pas bien de Dieu
    Dans une Epitre trop connue;
     Mathématicien ;
     De plus, Hiftorien ;
    Dont la profe ingénue ,
    Par fa docte fimplicité ,
De fes Lecteurs tient l'efprit enchanté.
Nous vîmes enfin , pour tout dire,
    L'illuftre Pere de Zaire.

Il nous reçut avec politeffe , s'ex-cufa fur fon indifpofition qui l'avoit rendu invifible le matin , & fur la foible fanté dont il jouit depuis quel-que tems.

    Cependant à fon œil malin ,
    A fa fcintillante prunelle,

Point ne jugeai fur fon déclin
Le libre Auteur de la Pucelle.

On pourroit d'ailleurs regarder cet
Etre comme un tout efprit, vû le
peu d'efpace qu'occupe fa charpente
corporelle. Mais comme cependant
tout corps, tel mince qu'il foit, eft
périffable, il faut que tu faches que le
fien eft chargé en cette année 1763,
de foixante-neuf révolutions de douze
mois. Ainfi il n'eft plus de la premiere jeuneffe. Il nous invita à manger pour le lendemain, mais nos arrangemens de voyage ne nous per-
mettant pas ce féjour, nous fûmes
contraints de refufer cette bonne fortune. La compagnie qui meubloit la
maifon de ce Philofophe voluptueux,
étoit compofée d'un Seigneur Sué-
dois, d'un Officier de Dragons Alle-
mand, de Madame Denis, & de Ma-
demoifelle Corneille, mariée pour
lors, à Monfieur Dupuis, Officier
de Dragons François; Voltaire nous
la défigna expreffément pour nous
la faire connoître.

Sans doute par refpect pour l'Auteur de Cinna
Monfieur Arrouet nous montra

Sa trop indigente héritiere,
Que noblement il traite en second Pere,
Et qu'il a, de son propre bien,
Dit-on, dottée, en faveur d'un himen,
Ce sero't grand péché de croire
Que le poison de vanité
D'un si beau fait ternit la gloire;
Un tel soupçon doit être rejetté.

Un Poëte surtout peut-il être accusé d'orgueil ? aussi ai-je repoussé loin de moi cette maligne pensée. Notre tout Esprit, sentant encore un peu sa dépendance de la matiere, a quitté la compagnie en demandant la permission d'aller manger à son petit couvert, une aîle de Poulet, attendu le retard de l'heure de son dîner, par un déjeuner de la main d'Hyppocrate. Un instant après nous avons pris congé de toute la compagnie, & nous avons parcouru le jardin de cette habitation charmante.

Ce n'est point la magnificence affectée qui donne le prix à cette retraite; les appartemens quoique richement meublés, n'annoncent point cette superfluité si punissable. Le jardin est simple, quoiqu'arrangé avec goût; mais sa position est une de ces choses qu'il est souvent impossible de se procurer au poids de l'or. Un amphitéâtre de montagnes qui offrent dans la belle saison le tapis le plus riche par l'Email de ses fleurs, une Ville entiere qui se développe aux yeux, l'étendue de ce lac vanté à si juste titre, qui semble une Mer, l'aspect du nombre considérable de maisons de plaisance qui décorent ses bords, tout contribue à justifier le nom que notre célébre Poëte a voulu donner à son petit manoir.

Dans cet endroit délicieux
Tout homme vraiment Philosophe
Vivroit content sans fatiguer les Dieux,
Mais en est-il de cette étoffe ?
Le desir succède au desir,
Quelques instans de jouissance
Emoussent le plus vif plaisir :
Notre cœur paîtri d'inconstance
Jamais ne peut être fixé ;
C'est le propre de son essence ;
Et dans les bras de l'opulence
Il gémit, encor plus véxé.

C v

Je ne regarde point le maitre de ce bijou, par cette raison, plus heureux que moi qui n'y ait aucun droit; le Château considérable qu'il possede à deux ou trois lieues plus loin ne le captive peut-être pas davantage; & le grand Voltaire préféreroit, je n'en doute pas, d'être aujourd'hui Citoyen de Paris, a l'honneur d'être le Seigneur de Fernai, & à l'avantage d'être le possesseur du petit Palais des Délices.

La saison n'étoit pas assez avancée pour que nous pussions jouir du riant de ces tableaux; mais ce dont nous jouissions nous fit imaginer le reste. Le lendemain nous avons quitté cette Ville sage & bien gouvernée, où l'on mange à la vérité, d'excellent poisson, mais où la bourse des Etrangers devient bientôt légere.

Le froid, au lieu de diminuer, sembloit augmenter de jour à autre pour éprouver notre courage; notre retour de Genêve à Anneci fut accompagné d'une neige très-fine qu'un vent impétueux amonceloit en un moment, jusqu'à deux & trois pieds d'épaiſſeur ; nos chevaux en avoient juſqu'au potrail, & refuſoient d'avancer ; de ſorte que pluſieurs fois, nous avons été contraints de deſcendre de voiture & de marcher à leur tête pour tracer le chemin, dans la neige qui montoit juſqu'à mi-cuiſſe ; ce petit manége ne paroîtroit pas plaiſant à plus d'un Pariſien.

Si la journée du lendemain ne fut pas beaucoup plus chaude, nous eûmes la neige de moins. Nous dinâmes à Aix en Savoye, Ville qui n'a de remarquable que ſes ſources d'eaux chaudes, dont l'une eſt ſulphureuſe, & l'autre alumineuſe.

> Ce ne fut pas ſans grand plaiſir
> Que du Roc nous vîmes ſortir
> Cette eau fumante & ſalutaire,
> Qui par ſon épaiſſe vapeur
> Compoſe un brulant atmoſphère
> Et répand au loin la moiteur.

Ce phénoméne, juſqu'à cet inſtant, nouveau pour moi, me frappa. Je goûtai de chaque ſource : le goût ſulphureux de la premiere, quoique très-fort, étoit plus déſagréable à l'odorat qu'au palais; la saveur de la seconde étoit agréable par le picquant de son sel qui n'irritoit en aucune façon les houpes nerveuses de la langue. La chere de notre auberge n'étoit pas à beaucoup près exquise : mais elle acquéroit du prix par la main qui nous la présentoit, Nous étions servis par une Paysanne fort jolie , & d'une taille avantageuse, ce qui ne nous étoit pas ordinaire ; & dans la bouche de laquelle nous trouvâmes la vérité ingénue. Voici le fait :

Des Voyageurs , & sur-tout des Garçons, ont ordinairement le droit de prendre des plaisirs où ils les rencontrent : c'est à leur prudence à ne point se livrer inconsidéremment, car alors ce seroit une faute capitale. Après avoir tenu de ces propos drôles que la beauté inspire , malgré qu'on en ait, & que les Belles malgré leur froid affecté , saisissent toujours d'une oreille avide; sur la question qui lui fût faite par l'un de nous, si elle étoit fille ou mariée :

Hélas, dit-elle, franchement,
Point n'ai reçu le Sacrement,

Mais, mes beaux Meſſieurs, je vous jure,
Que, depuis long-tems, il me dure.

Si ſa réponſe n'étoit pas arrangée comme tu la vois écrite, du moins le ſens formel eſt-il cité exactement. Cette naïveté nous plût au point que nous ne pûmes nous diſpenſer d'agir en françois ; c'eſt-à-dire, de montrer l'ame généreuſe de notre nation. Ta malice te portera ſans doute à croire que nous récompenſions encore la vertu de complaiſance ; c'eſt ce qui te reſte à deviner ; ce qu'il y a de vrai, c'eſt qu'une petite ſcène inattendue, comme celle-là, nous fit trouver la marche de l'après-diné, moins longue ; & malgré le mauvais tems, gagner Chambery gaïement.

Enfin le lendemain le ciel eût pitié de nos peines ; l'œil radieux de la nature daigna ſe montrer. Nous nous mîmes en route avec ſatisfaction, & après une grande heure de marche, nous paſſâmes au pied de cette forterſſe,

Qui, malgré ſa longue défenſe,
Reçut enfin la Loi

De Catinat, dont la vaillance
La mit au pouvoir d'un grand Roi.
Montmélian n'offrit à notre vue
Qu'un triste amas de fondemens brisés.
Que d'une roche aride & nue
Les flancs rompus, pulvérisés.

Quelque tems après nous joignîmes le village de planaise où nous devions faire halte ; nous ne nous étions pas flattés d'y trouver compagnie, ce qui arriva pourtant. Deux chaises arrivées avant nous au même endroit avoient, sans le sçavoir, travaillé pour nous, en ordonnant le dîner ; on mangea ensemble, on but à la santé les uns des autres sans se connoître, chacun charmé de trouver des compagnons pour le passage des Alpes ; on repartit pour gagner Aiguebelle, qui est la premiere couchée dans les montagnes ; le souper gras & maigre nous dédommagea du repas du matin qui avoit été détestable.

C'est le verre à la main que l'on s'apprivoise facilement. Ce souper fut plus animé que n'avoit été le diner ; on s'envigea beaucoup, on se queftionna ; & à force de fe fonder réciproquement , je connus que de nos trois compagnons , deux étoient de minces Marchands Piémontois, & le troifiéme un Officier réformé, fort aimable & dont l'humeur gaïe nous a été par la fuite d'un grand fecours.

Nos lits furent tels que doivent être des lits de Savoyards, c'eft-à-dire, propres à rendre les gens alertes de bon matin ; on les quitta fans regret, pour gagner le maudit village de la Chambre, où nos yeux & notre palais devoient faire une cruelle pénitence. Les femmes y font hideufes, ainfi qu'aux environs, deux ou trois pocheaux de chair, nommés goitres, leur compo'ent un collier d'efpece dégoûtante, dont nous fûmes révoltés. Les hommes même n'en font pas tous exempts. Le pain mauvais & moifi, le vin plat, le beurre fort, firent les honneurs de notre dîner; & cependant tout cela étoit exquis, au dire de nos deux gens de boutique ; tant l'habitude a de force! Le village de faint Michel ne nous fût pas plus heureux pour le fouper.

Des Efcargots en guife de friture
Furent avec pompe fervis,
Des œufs dont la moitié couvis
Nageoient dans la noire faumure;
L'huile faififfant de fort loin
En faifoit paffer le befoin.
Partout le poivre en abondance
Sur la langue portoit le feu,
Et l'eau fade, fentant le rance,
A le calmer invitoit peu.

Juge de la mine que font des Parifiens ainfi régalés : ces petits con-
tre-tems ne nous empêchoient pourtant pas de nous fubftenter. Le
meilleur Cuifinier, eft dit-on, l'ap-
petit ; nous aurions pris notre mal
plus en patience, fi nous ne nous fuffions apperçûs que nos deux Cour-
tauds affectoient de louer tous les ragoûts comme excellens, les lits comme tendres & mollets, & le prix des
repas comme médiocre & raifonnable, quoiqu'il fût diablement cher.

Ces deux faquins dans leur taudis
Ne vivant que de vieux fromage,
De quelques miches de pain bis,
De quelque piffenlis fauvage,

Probablement en Paradis
Se croyoient, voyant ſi grand’chere:
Mais le plus plaiſant de l’affaire
C’eſt que nous étions étourdis
De leur caquet ſcientifique :
Ces Meſſieurs parloient politique ;
Sciences, Arts, & cetera :
Ils avoient appris tout cela
Coupant, aulnant dans la Boutique.

Notre jeune Officier d’un carac‑
tere bouillant , qui de plus avoit
vu beaucoup de pays , s’échauffoit
dans la diſpute; moi qui ſouvent aime
mieux entendre les ſottiſes des autres
que d’en dire , j’avois la comédie, &
je riois ſous câpe de l’orgueil de nos
vilains. Les apoſtropher à brûle pour‑
point, eut été imprudent , parce que
nous avions encore quelque route à
faire enſemble ; car il eſt bon que tu
ſçaches que lorſque pluſieurs Cochers
ou Voituriers ſe rencontrent une fois
dans ces routes , ils ne veulent plus
ſe quitter , & ſe rendent les maîtres
de ceux qu’ils conduiſent, & par qui
ils ſont payés. Mon Camarade qui en
doutoit, ayant voulu ſonder le gué

& se faire obéir, en fût bientôt convaincu, en parlant à sa personne.

Nous avions besoin du beau tems qu'il faisoit pour moins réfléchir aux risques de ces chemins souvent fort étroits, & bordés de précipices considérables. Nous dînâmes le lendemain à Modane, comme nous l'avions prévu ; c'est-à-dire, fort mal. Nous n'eûmes pas de plus grand desir que d'en partir promptement pour gagner Lanebourg, & profiter de l'aspect du soleil bienfaisant. Nous ignorions l'infortune dont nous étions ménacés. Les trois chaises marchoient à la suite l'une de l'autre, & la notre fermoit la marche. Après une heure de chemin environ, nous nous trouvâmes au bois de Bramant dont il étoit dit que nous devions conserver long-tems la mémoire. Le trajet à faire dans ce bois n'est pas fort long, mais il s'y trouve une descente assez roide, & la neige n'y fondant pas aisément à cause du couvert trop épais des arbres, la surface du terrain est souvent très-glissante & dangereuse, ainsi que bientôt nous l'éprouvâmes.

Notre Cocher , homme de tête
    Crût agir prudemment
En fautant de deffus fa bête
Pour la mener plus doucement.
Mais il en advint le contraire ;
Gliffant des deux pieds de derriere
Le brancardier s'abbat :
Le Cocher tombe, & n'eft plus en état
De retenir le bidet de volée
Qui du bruit l'orreille troublée,
Avance au lieu de s'arrêter.
Sur la cuiffe de fon confrere
Il force une roue à monter,
Pas n'en fut mieux le pauvre hére.
La chaife a l'inftant fait capot,
Le caiffon eft brifé,nos effets pleins de fange;
    Mais grace à notre bon Ange
    Nous n'eûmes point de fâcheux lot
    Dans cette finiftre aventure,
    Et defcendus de la voiture
    Bien avant l'accident fatal,
    Nous fûmes préfervés de mal.

Par un hazard unique , notre Cocher dont le fort nous faifoit frémir,
en fut quitte pour fa chúte & la peur.
Les roues de la chaife l'avoient cotoyé fans le bleffer. Néanmoins il fe

vit hors d'état de continuer fa route ;
& nous le dépofâmes à la premiere
Auberge pour y être faigné. Il dût
fon malheur probablement à fon ava-
rice , pour avoir négligé de faire
cramponner les fers de fes chevaux.
Nos Camarades qui avoient franchi
ce pas fans accident, vinrent à notre
fecours ; on retira nos effets de la
boue, on releva la chaife, qui deux
pieds de plus fur la gauche , feroit
tombée dans le précipice dont la
route eft bordée. Nous fûmes reçus
dans leurs voitures avec bonté. Les
chevaux étant encore en état de marcher nous gagnâmes *piano, piano,*
Lanebourg où nous nous débouâmes
de notre mieux.

Après avoir conté notre chance à
notre Hôteffe , dont le minois nous
dédommageoit de ceux qui nous
avoient effrayé précédemment , nous
nous mîmes en devoir de fouper, &
de prendre des forces pour les travaux du lendemain , que l'on nous
annonça comme très-rudes.

Les fots propos de nos Marchands
ne nous empécherent pas de rire avec
notre jeune Officier , dont nous goû-

tions de plus en plus la converfation enjouée ; mais la prudence nous avertit d'étendre promptement nos membres dans les draps, pour qu'ils fuffent plus en état de nous fervir le lendemain, & nous lui obéîmes.

Je ne t'ai point dit que Lanebourg eft au pied du fameux Mont Cénis, tu le fçais à préfent, fi tu ne le fçavois pas auparavant ; mais ce que tu ne fçavois probablement pas, c'eft que le faint Vendredy a été juftement le jour auquel nous devions monter fur cette efpece de Calvaire. Nous fûmes éveillés de bonne-heure par les Muletiers de ce Village qui dorment moins que les jaloux. Bientôt nous fûmes affaillis par les pauvres diables, & étourdis par leurs querelles. C'étoit à qui vanteroit fon mulet ferré de neuf, la fureté de fa jambe, la bonté de fon caractère & mille autres perfections dont nous avions raifon de douter. Cependant il falloit fe déterminer pour choifir un peu à l'aventure, & le marché fe conclut. Ce fut alors que, contre toute vraifemblance, le bruit & la difpute augmenterent, au fujet du chargement des paquets. Ce moment me rappella la scéne que nous avions essuyé à notre débarquement dans la ville de Lyon.

Notre Hôte nous ayant rassuré sur la fidélité de ces Montagnards, nous les laissâmes vuider leurs débats & nous étant acalifourchonnés chacun sur notre bête à longues oreilles, nous fîmes un grand signe de Croix, & nous nous abandonnâmes à la volonté de la divine Providence & à l'expérience de nos Conducteurs.

Enfin j'ai vû ces monts audacieux
    Qui fiérement élevent jusqu'au Cieux
Leurs chefs pointus toujours couverts de glace;
Du grand Cénis, non sans quelque grimace,
    J'ai sur le dos d'un Mulet peu rablu,
    Sous moi trois fois sur la neige abbatu,
        Gravi la redoutable Cime ;
    Heureux ! d'avoir évité, de l'abîme
        La surprenante profondeur :
        Et de n'avoir eu pour malheur
    Que des genouils la rotule engourdie,
        Plus, une main au sang meurtrie.
        Mais, grace au céleste flambeau
        Dont la chaleur réjouit la Nature,

J'ai traverfé , fans excès de froidure ,
Non chalament affis en un traineau
Du mont fameux la plaine éblouiffante ;
Toujours furpris de l'adreffe étonnante
De mon Phaéton Savoyard

Qui , fans picquer fa bête affez chérive ,
Faifait voler fur caillous , fur eau vive ,
Sans nul danger , mon berlingot bâtard.
Une heure au moins paffée en courant auffi vîte
Il convenoit de manger la truitte ,
Póiffon produit par un lac bienfaifant
Qu'exprès fi haut a mis le Tout-Puiffant ,
Pour rafraichir l'eftomac , la bedaine ,
Du Voyageur tout hors d'haleine.
Ce n'eft le tout : lorfque l'on a monté
Pour l'ordinaire , il faut defcendre :
Bien fou qui voudroit l'entreprendre
Sur un talus auffi précipité :
Mais grace à l'intrépidité
A la force , à l'agilité
De l'habitant de ce pays horrible ,
Avec l'argent tout eft poffible.
Or donc , porté par deux gaillards nerveux
Sur une affez frêle machine ,
Sur glace , & fur Roc on chémine
Par mille fentiers dangereux :
Et tout Parifien peureux
Qui ne connoit que table , lit , cuifine ,]

Pendant deux heures , fait une aſſez ſotte
    mine ,
Et maudit, de grand cœur , ſon deſir curieux,
Sache pourtant que là , ſans gaſconade ,
L'ame de ton ami n'a point été malade ,
    Sache qu'il a tout vû d'un front ſerein ,
    Et glace, & roc , & profondeur ſans fin ,
Que toujours admirant il vint à Novalèze
Où , Seigneur, il dîna très-bien , ne vous dé-
    plaiſe. *

J'ai fait aſſez de chemin depuis mon départ de Paris pour mériter du repos ; ainſi mon cher , tu permettras que je prenne haleine ; ce n'eſt, dit-on , qu'en ménageant ſa monture, qu'elle fournit à une longue route , & l'on a raiſon ; repoſe de ton côté tes yeux , & ſi cette premiere lettre a pû t'amuſer , ne doute pas de la ſatisfaction que j'aurai à prolonger tes plaiſirs par une ſeconde. *Vale.*

---

* Lorſque les neiges ſont abondantes elles comblent tous les précipices & forment un niveau de pente uni , ſur lequel on gliſſe en traîneau juſqu'en bas , & en quelques minutes on fait l'ouvrage de deux heures : les Anglois viennent exprés dans ce tems pour ſe procurer ce plaiſir.

DEUXIEME

DEUXIEME LETTRE.

A Monſieur A......

JE reprends la plume, mon cher ami, puiſque tu le deſires, & vais te promener de mon mieux, en idée, dans ce beau pays tant vanté dans lequel je viens de faire le premier pas.

Je t'ai quitté à la Novalèze, je vais quitter cet endroit à ſon tour pour aller plus loin.

Après avoir bien dîné comme je te l'ai dit ci-devant, en proſe rimée, nous nous ſommes mis en marche. Nous avons vû en paſſant le Fort de la Brunette qui défend la Savoye du côté du Piémont, & garde le pas de Suze, mais qu'il n'eſt permis de con-ſidérer que de fort loin ; & nous ſommes entrés dans Suze, premiere Ville du Piémont. Cette Ville * eſt petite

---

* Originairement fondée par une Colonie Romaine.

Tome I.　　　　　D

& affez jolie, on y parle le langage
Piémontois, la langue Italienne, &
la Françaife. On voit aux environs
un Arc de triomphe du tems d'Augufte, dont les reftes font encore
précieux. C'eft là où nous avons commencé à remarquer la différence des
manieres & des ufages d'Italie, d'a-
vec les nôtres. Le lendemain nous
avons dîné au Village de Sant Am-
brofio, dont l'Eglife nous a furpris
& par fon élégant Portail tout de
brique, même les Colonnes, & par
l'Architecture de l'intérieur beaucoup plus agréable que celle de nos
Temples. Sa forme eft Octogone.
Les pfeaumes s'y chantoient dans
le goût Italien, ce qui n'a pas
peu contribué à rendre notre fta-
tion plus longue, par curiofité. Si
l'Eglife & la Mufique nous ont plu,
il n'en a pas été de même du dîner.
Les cueillers & fourchettes de cuivre, & la foupe au fromage ont beaucoup révolté notre délicateffe Françaife. Après avoir fait bonne mine
à mauvais jeu, nous avons cheminé
dans la fertile Vallée de Sufe qui a

de quoi furprendre les Etrangers. Nos principales rencontres étoient des Chariots , tous attelés de Bœufs à poil gris, & des payfans portant fur leurs épaules de tendre Chevreaux qui me faifoient dans l'inftant admirer la naïveté de mon Virgile. Mais ce qui à la longue impatientoit mes yeux, c'étoit un nombre infini de petites niches répandues çà & là, nommées *Oratorio*, barbouillées de tous les fens de repréfentations grotefques de Saints, & de Madones & d'Anges, & de Diables. Nous fommes enfin arrivés de Rivoli à Turin fur les fix heures du foir par une efpèce d'Avenue de près de trois lieues de long, extrêmement large & noble, & où la poufliére aveugloit prefque les voyageurs.

La Ville de Turin n'eft pas fans doute auffi grande que l'éxigeroit la demeure du Souverain, mais d'ailleurs elle eft charmante, prefque bâtie à neuf, les rues font larges (fi l'on excepte le vieux Turin) tirées au cordeau, quelques unes bordées d'Arcades égales, élevées, fous lesquelles les citoyens bravent les faifons pluvicuses. des ruisseaux officieux lavent les rues dès qu'il en est besoin. Les places sont belles, les Eglises riches en maibre & dorures, plusieurs séduisantes par le goût de leur Architecture, les promenades agréables, les Palais très ornés de peintures, plafonds dorés, & autres choses de goût & de luxe. Celui du Duc est peu brillant au dehors mais il est riche & vaste au dedans. Celui de son fils s'annonce par une Architecture & une façade des plus majestueuse ; en dedans un grand escalier de marbre orné de statues conduit à un Sallon d'une noble simplicité qui précéde les appartemens du Prince de Piémont. Quant aux habitans, si j'en peut juger par le peu que j'en ai vû, leur société doit être très agréable, & si tous les Piémontais ressemblent au Sr *Amatis* & à Madame sa sœur, ils pourroient le disputer aux François pour les façons aisées & polies.

Les bâtimens étant presque tous en brique, & la plupart n'étant point blanchis à l'extérieur, sur tout dans la belle rue du Po, l'aspect rougeâtre qu'ils préfentent ne plaît pas à bien des gens ; mais de jour en jour les murailles s'éclairciffent felon le defir & les ordres du Souverain.

Le Saint jour de Pâques nous fournit l'occafion d'entendre une Meffe d'apparat où toute la Cour affiftoit. Le Cardinal *Dover* officioit affifté d'un nombre d'Acolytes vétus en rouge, & dont les furplis frifés au fer, ne tombant que fur les coudes, à la maniére du pays, nous parúrent plutot des mantelets que des furplis. Notre attention au Saint myftére fut bien affoiblie malgré nous, par celle qu'éxigeoit la Mufique Royale qui retentiffoit dans ce Temple.

Le fleuve du Po, fi célébre autrefois, baigne un des Fauxbourg de Turin, mais il n'eft pas brillant dans cet endroit. Le Duc a trois Maifons de plaifance, peu diftantes, que nous avons été voir. La Vénerie eft la principale, elle contient une Gallerie plus longue & plus élevée que celle de Verfailles, mais elle n'eft ornée ni de peintures ni de dorures. L'orangerie de ce Palais eft frap-

pante par ſes proportions, ce bâtiment paroît avoir 500 pieds de longueur ſur près de 100 de largeur.
Les Jardins brillent par une noble
ſimplicité & en même tems par l'aſſu-
jettiſſement des charmilles qui forment des pieces d'Architecture auſſi
régulieres que ſi elles étoient de marbre. Dans celle appellée Stupinigi
nous avons admiré un magnifique
ſallon à huit cheminées, peint à freſque & orné d'une baluſtrade qui en
décrit tout le tour. La Vigne de la
Reine n'eſt pas ſi conſidérable que
les deux Palais précédens, mais ſa
ſituation eſt bien d'un autre prix ;
placée ſur une coline de l'autre côté
du Po, elle domine non ſeulement
ſur ce fleuve pendant un cours de
3 lieues, mais encore ſur la Ville de
Turin & ſur la plaine juſqu'à Rivoli.
Nous n'avons eu garde d'oublier
d'aller viſiter l'Egliſe de la Superga
bâtie ſur une montagne, à cinq mille
environ, de Turin ; il nous en a couté une heure & demie de temps
employé à monter ſans ceſſe, & des
ruiſſeaux de ſueur, pour y parvenir,
mais ce bâtiment mérite la peine

que l'on prend, & par fa pofition,
& par la nobleffe de fon Architecture, les Tableaux de plufieurs cha-
pelles font compofés de toutes figures en marbre de relief. Lorfque
l'on eft audeffus du Dôme on apperçoit dans l'éloignement les montagnes de Gênes, plus près on domine & fur la Ville de Turin & fur
la Campagne fertile du Piémont. Le
plaifir feroit complet fi l'on n'avoit
pas le foin de vous faire remarquer
ces champs fameux,

> Où, malgré la valeur guerriere
> Et d'Orléans & de Marfin,
> La France cédant au deftin
> Se vit contrainte à montrer le derriere;
> Où, d'Eugêne le bras fatal
> A cent mille François fit mordre la pouffiere;*
> Rappellant à l'Europe entiere
> Les Scipion, les Annibal.

Que faire ? il falut effuyer le compliment, & avaller cette pillule affez
mal dorée. Au refte, la protection

---

* Tant François qu'Alliés.

que la Vierge accorda dans cette occasion à Victor Amédée a été bien
payée : car le Palais qu'il lui a donné
en reconnoissance & qu'il a ainsi
nommé *la Superga*, a dit-on couté
plus de sept millions à bâtir, & à fonder. Je n'ai pas de peine à le croire,
vu la difficulté de transporter si haut
& les matériaux & l'eau même, &
de plus, à cause des revenus destinés
aux douze Chanoines déservant ladite Madone, que l'on dit être choi-
sis dans la Noblesse, & qui par conféquent ne consomment pas peu, selon l'usage. Cette Eglise est la sépul-
ture de Victor Amédée.

Ce n'est pas sans regret que
nous avons quitté Turin. Nous
nous y plaisions. La Salle d'Opéra
est très-belle & vaste, elle a six
rangs de loge, à trente-une par
chaque rang. Le Théâtre est vaste à
proportion. Dans ce pays on ne voit
plus ce que nous nommons l'Amphitéâtre, on est assis au Parterre, & l'on
ne paye point aux loges, parce qu'elles appartiennent à différentes per-
sonnes qui y admettent qui bon leur
semble. Nous aurions desiré voir quelque Gala, & pouvoir juger de la ma-

gnificence de cette Cour dans une fête d'apparat, selon la grande idée que les nouvelles publiques nous en donnent ; mais l'occasion ne s'en est pas présentée. Ce qu'il y a de certain, c'est que les amusemens ordinaires du Peuple ne respirent pas cette gaieté folle du nôtre, & qu'il paroit bien plus réfléchi : à moins qu'une circonstance de fête particuliere ne lui donne un grain de turbulence extraordinaire. *

Notre route depuis Turin a été par Chivas où nous avons dîné, par Livorno où un souper un peu à la Française nous a rétabli le goût, par Verceil, tous endroits qui n'ont rien d'assez curieux pour que j'entre dans aucun détail.

De Verceil nous avons gagné No-

---

* La nourriture est assez bonne à Turin ; on y consomme beaucoup de chair de Chevreau qui est plus délicate, mais moins succulente que celle de l'Agneau, les petits pains sont d'une forme curieuse, ils ont deux ou trois pieds de longueur sur un pouce de grosseur, on les pose sur la table par brassées comme des petits fagots.

varre, où d'abord plufieurs minois féminins nous ont paru mériter l'attention du voyageur. Une autre curiofité d'un genre plus trifte, eft l'Eglife de Saint Gaudent, ou du moins la Chapelle obfcure qui renferme fon corps. Là le marbre noir relevé de compartimens de marbre jaune, les Statues de bronze, les bas reliefs de même métal, & les grilles compofées partie de fer, partie de bronze, forment un tout remarquable, & bien exécuté, que mérite bien fans doute le Saint qui y fait fa réfidence, quoiqu'il ne foit pas à beaucoup près fi grand que celui dont nous avons enfuite vifité la petite Ville natale. Cette Ville fe nomme Arona, fa pofition fur le bord du Lac Majeur la dédommage de fon exiguité.

Le grand Saint dont je veux parler a au moins quarante-cinq pieds de taille au-deffus de Saint Gaudent, fi l'on s'en rapporte à la Statue que lui a erigée fa patrie fur une petite montagne qui domine tout le Lac Majeur. C'eft Monfieur Charles Borromée, Cardinal, dans la tête duquel

il tient quatre ou cinq hommes tel
que toi & moi ; l'on y monte par un
guichet qui eſt ſous ſon bras. Cette
figure eſt, à ce que l'on dit, de cuivre
battu à froid, du moins quant aux
vêtemens. C'eſt tout ce que j'ai pu
faire en lançant une pierre, d'attein-
dre ſeulement à ſon pied, vû la hauteur du piedeſtal.

Au milieu du Lac Majeur ſont ſi-
tuées trois Iſles portant le nom Borromée & appartenantes à un Prince
de la famille. Elles ſont diſtantes
d'Arona, de douze mille & plus
c'eſt - à - dire près de cinq lieues,
le trajet, lors du mauvais tems, n'eſt
pas ſur, à cauſe du nombre de mon-
ticules dont ce Lac eſt ſemé, qui,
ſi elles y produiſent un effet agréable, expoſent les barques à s'y bri-
ſer lorſque les vents ſont trop impétueux. Heureuſement cette journée
étoit belle & calme. Nous louâmes
une barque à quatre rameurs, on
n'oublia pas la proviſion (la prudence eſt toujours une bonne compagne)
& nous nous embarquâmes ſur les
trois heures après midi.

D vj

Eole tenoit enchaînés
Ces enfans dont la forte haleine
Souvent fous les flots mutinés
Va réveiller mainte Balaine,
Et troublant la liquide plaine,.
Rend les Matelots confternés.
Phébus à la perruque blonde
Doroit la furface de l'Onde,
Et l'Email des côteaux voifins ;
Mille nayades, de leurs mains
Pouffoient notre barque légere,
Et loin de nous, fuyoit la terre.

Ou, fi tu l'aime mieux fans amphigouri, à l'aide de huit bras vigoureux experts en l'art de fendre l'onde, & d'une petite voile peu enflée, nous arrivâmes en trois petites heures à ces Ifles defirées qui femblent voguer fur le criftal pur de ce Lac charmant. Il n'y a que deux de ces Ifles curieufes à voir ; l'*Ifola Madre* & l'*Ifola Bella* : la troifieme fert de Métairie aux deux autres.

Que je defirerois, mon cher, être capable de te faire la defcription exacte de cet endroit enchanteur ; mais je me fatiguerois envain, on ne peut en avoir une idée jufte que

par ſes propres yeux ; ſi tu fais jamais
ce voyage, tu conviendras que la
plume eſt inſuffiſante pour rendre le
détail de ces beautés ; cependant ,.
comme je ne préſume pas que tu te
mettes ſitôt en marche , je veux bien
te dire en gros , que l'on trouve

Dans ces Iſles ſi ſéduiſantes
Un de ces Palais enchantés
Que certaines filles puiſſantes,
Avec quelques mots inventés,
En un clin d'œil, pouvoient conſtruire.
Si ce n'eſt pas aſſez t'en dire ;
Tentons un plus ample détail :
Mille Orangers en évantail
Couvrent les murs de leur richeſſe..
Limons, Cédras de toute eſpéce,
Forment des berceaux odorans,
Des boſquets d'épaiſſe verdure
Où toujours, au moins, deux des ſens
Goûtent une volupté pure.
Dix plans, l'un ſur l'autre élevés,
Enrichis de cette parure,
Par mille ſoins ſont préſervés
Des aquilons, de la froidure ;
Sous le Laurier, haut & touffu,
On reſſent la fraicheur de l'ombre :

Philomêle aimant ce lieu sombre
Charme par son chant assidu.
Grottes, Cascades, Mosaique,
Fruits de l'opulence & du goût,
Offrent un tableau magnifique ;
Et l'œil est satisfait partout.

Juge de l'attitude de deux Parisiens, qui n'ont jamais vû d'Orangers qu'en caisses, & qui se promenent dans des bosquets fermés par ces mêmes arbres, dont quelques uns ont des troncs de près d'un pied de diamétre. Qui apperçoivent des Lauriers haut comme des Chênes, & des Faisans blancs privés qui habitent ces bois délicieux. combien de faiseurs de Romans n'en ont pas tant vû ! Le bâtiment quoique beau, tire son agrément de sa situation ; ce que nous y avons remarqué de plus extraordinaire, c'est un escalier fort large dont le milieu est vuide, & dont les marches quoique très-allongées, ne tiennent leur solidité que de leur point d'appui dans le mur dont elles font partie ; des appartemens par bas, dont les murailles & les planchers, tant supérieurs qu'inférieurs font re

vêtus d'une Mofaïque exécutée avec
des petites pierres de Roc de diverfes couleurs, imitant des oifeaux, pa-
pillons & autres infeétes. Le Château
de Rocaille qui orne une de ces Ifles,
où l'eau fe joue de mille façons, où
les terrafles font multipliées jufqu'à dix du côté du midi, & toutes
garnies d'efpaliers en cédras & autres arbres de pareil acabit, eft une
de ces chofes que je ne peux te tranf-
mettre en détail; il faudroit faire des
volumes; ce que je laiffe à ceux qui
ont du tems de trop, & d'argent trop
peu. Je finirai par une curiofité qui
n'eft pas commune. Ce font des
Orangers qui portent en même tems
rofes & œillets, d'autres, rofes & fi-
gues. On ne voit pas cela partout.

Il eft bon pourtant de t'avouer que
l'entretien & la confervation de ces
arbres délicats caufent des frais im-
menfes au Prince Borromée, arriere
petit Neveu du Saint, pour lè moins
& poffeffeur de ces lieux enchan-
teurs. Les chaffis, les vitraux, le
charbon, &c. font indifpenfablement
employés pendant les rigueurs de
l'Hyver pour défendre ces tendres

enfans exilés par force de leur patrie véritable.

La fin du jour fut auffi celle de nos plaifirs. A peine fûmes nous fortis de chez les Dieux, que nous cherchâmes un azile chez des Etres qui à peine méritent le nom d'hommes. De miférables pécheurs nous offrirent pour mêts quelques menus poiffons affez bons par eux mêmes, mais affaifonnés à la diable, & pour gîte un grenier prefque tout à jour, & des lits, grands Dieux !

C'eft là, que j'euffe defiré
Tenir une fainte Eminence ;
Quelque délicat Prémontré
Quelque Plutus à large panfe ;
Quelqu'un, enfin, de ces mignons
Qui, fur les mollets éderdons
Sacrifiant à la pareffe,
Se plaignent d'un pli qui les bleffe ;
Qui, dans le duvet élevés,
A quarante ans font énervés.

Quelles grimaffes, quelles poftures ! de quelles épithetes n'euffent-ils pas accablé, les matelats de cailloux, les draps de coutil, les couvertures de cuir. Ce n'eft pas que nous n'ayons nous mêmes lâché quelques gros mots, mais comme le malaife ne nous effrayoit plus, nous ne tachâmes pas moins de tirer le meilleur parti poffible de notre nuit. Le pis c'eft que le lendemain nous avons payé au poids de l'or la pénitence que l'on avoit bien voulu nous faire faire. Nous nous fommes rembarqués par un auffi beau tems que la veille fans aucune haleine de vent, & nous avons regagné Arona où notre voiture toute prête nous attendoit pour continuer notre route de terre.

Nous avons dit un grand adieu & au beau Lac & à Monfieur Charles, & après avoir, à quelque diftance delà, paffé un certain fleuve, près duquel, s'il m'en fouvient, certain Conful Romain fut roffé d'importance par Monfieur Annibal, nous fommes entrés fur les terres de cette Reine, qui non contente de porter la Couronne, porte encore comme l'on dit, la culotte, & dont l'augufte époux, malgré fon rang éminent, ne paffe quafi que pour Zéro. Cefta eft le premier endroit où nous avons

eu affaire aux Douaniers Autrichiens
qui trouvent l'argent auffi utile que
les Douaniers Savoyards, au moyen
de trois paules on a plombé nos malles, dont la vifite a été fous entendue ; & nous fommes arrivés fur les
fept heures du foir à Caftellanza, fâchés de voir le terrein moins fertile
que dans le Piémont, mais d'un autre côté charmés des fons mélodieux
du Muficien des bois, qui à l'exception des Ifles Borromées, ne nous
avoit point encore régalé des éclats
de fon gofier, quoique nous fuffions
au 16 d'Avril, & en Italie.

Le lendemain nous fommes arrivés fur les onze heures du matin à
Milan après avoir obfervé avec fatisfaction que l'abondance renaiffoit
fous nos pas, & avoir remarqué des
grains déja épiés, lorfque les arbres
n'avoient pas encore de feuilles.

Milan n'eft pas ce qu'on appelle
une Ville pour rire ; fa grandeur, fa
population annoncent un petit Paris,
du moins quant au mouvement extérieur ; car on prétend qu'il n'y a
pas plus de 100000 habitans réels
& effectifs. Les Etrangers y font très-

bien accueillis & fêtés avec grace.
L'habillement des gens du bon ton
ressemble beaucoup au nôtre. Les
femmes de rang médiocre sont la-
cées avec de ces cors faits pour contenir vingt livres de tétons ; il est
vrai que cette marchandise ne leur
manque pas, & qu'elle est même
d'une blancheur appétissante. Elles
portent d'amples coëffes qui tombent
sur le nez, de façon qu'elles ont le
plaisir de voir sans être vûes, si ce
peut être un plaisir pour celles qui
sont jolies. Cet usage qui regne dans
toute l'Italie, vient probablement
de la nécessité de garantir le teint des
ardeurs du Soleil, & les yeux des
nuées de poudre qui aveuglent les
habitans ; aussi Milan a-t-elle son *Ou-
trequin* comme Paris, & son cours
est-il exactement arrosé ; ce cours
forme une promenade très-agréable,
& j'ai vû à l'endroit que l'on appelle
le Bastion, une si grande affluence
d'équipages que je me croyois presque dans ce moment sur nos Boulevards.

Les carrefours de cette Ville sont
presque tous ornés d'une Piramide,

ou d'une Statue, ou d'une colonne, &c. ce qui peut fuppléer en partie au manque d'Ecriteaux pour l'indication des rues. On rencontre des Edifices bâtis avec nobleſſe, décorés de colonades majeſtueuſes. Les Hôpitaux ne font pas les moins bien partagés de ce côté, mais le bâtiment le plus conſidérable & le plus étonnant eſt celui de la Cathédrale, dont le vaiſſeau eſt d'une étendue immenſe & ſoutenu par 160 colonnes de marbre. Je l'ai meſuré avec mes pás & j'en ai compté 245 en longueur, ſur 140 dans ſa grande largeur. Toute cette Egliſe eſt revêtue de marbre blanc & au dedans & au dehors, juſqu'au ſommet du clocher, & chargé d'un nombre prodigieux de Statues auſſi de marbre, même dans les ornemens au-deſſus du dôme. Cet ouvrage immenſe dans le goût gothique qui ſe perd à la vue par ſon élévation, eſt commencé depuis près de quatre cent ans, & probablement ne ſera jamais fini ; le tems ſe plaiſant à détruire à meſure que l'on éleve. Ce vieillard redoutable a ſçu ſi bien noircir ces pierres ſi blanches de leur

nature, qu'à peine devine-t-on aujourd'hui fi c'eft du marbre.

Au milieu de la croifée eft une
Chapelle fouterreine où repofe le
corps du grand Borromée, anciennement Archevêque de cette Ville.

> Qu'il feroit bien émerveillé,
> Si revenant à la lumiere
> Il fe voyoit envermeillé,
> Et par devant & par derriere ;
> Et fur fes os l'or incrufté :
> Lui qui par vertu finguliere,
> N'avoit pratiqué fur la terre
> Que la pieufe humilité.

Cette Chapelle qui ne tire fon jour
que d'une ouverture faite au plancher
de l'Eglife, eft effectivement d'une
fomptuofité étonnante. L'Architecture eft figurée en argent doré avec
fculptures & bas reliefs de même matiere, les panneaux font tapiffés d'é-
toffe d'or, & la Chaffe eft de criftal
de roche encadré de vermeil.

Près de la Cathédrale eft le Théâtre, pour la comodité publique. Tu
vas glofer fans doute, mais il faut te
dire comme quoi le Théâtre fait par-

tie du Palais du Gouverneur , lequel
Palais qui eſt antique & peu décoré
au dehors, ſe trouve bâti proche
la Cathédrale. La Salle de Spectacle
eſt plus alongée que celle de Turin ;
le Théâtre n'étoit pas merveilleuſe-
ment orné , mais comme nous n'é-
tions pas au tems du carnaval & des
repréſentations d'Opéra, il ne nous
a pas été permis d'en juger. Nous y
avons vû repréſenter une Comédie
qu'effectivement nous pouvons affirmer avoir vue & non entendue, 1°.
Parce que les paroles paſſent trop rapidement pour des Spectateurs qui
n'entendent pas aſſez la langue, &
encore moins le patois. 2°. Parce
que le manque de diſcipline laiſſe
trop de liberté aux langues inconſi-
dérées, & aux tapageurs. Ici, tout
au contraire de Paris, c'eſt dans les
Loges que ſe fait le plus grand bruit.
Comme chaque propriétaire ſe regarde abſolument chez lui , il s'y
comporte à ſa guiſe ſans que l'on y
trouve à redire. De cette propriété
naiſſent encore d'autres inconvéniens ;
l'un, que chacune de ces Loges
étant fermée, en l'abſence des poſ-

ſeſſeurs, par un paneau bigarré de leurs Armoiries, il arrive que ſouvent pendant le Spectacle il ſemble voir un échiquier rempli de caſes blanches & noires, à cauſe du vuide & du plein entremêlé. L'autre inconvénient vient des différens ameublemens & du nombre de lumieres qui répandant trop de jour dans ces Loges, fatiguent les yeux, & diſputent à l'éclat principal de lumiere qui doit briller vers le Théâtre.

Cette Comédie n'a pas été la ſeule qui nous ait amuſés [ſi tant eſt qu'elle nous ait amuſés, tel bon que les patriotes nous ayent dit être le Seigneur Arlequin,] puiſque c'étoit pour nous un ſimple Pantomime. Celle dont je veux te parler eſt d'un genre un peu différent, il s'agit d'une proceſſion complette de ce que l'on nomme dans le pays, *Pénitens* ...

> Imagine une Kyrielle
> D'hommes d'aſſez mince acabit, *
> Affublés par deſſus l'habit,
> D'une eſpéce de ſoutanelle

---

* On dit pourtant que les premiers de la Ville s'y trouvent.

Ou plutôt d'un farreau groſſier
En forme de ſale chemiſe ,
Que ſur les reins ils ont ſoin de lier ,
Du grand cordon de Saint François d'Aſſiſe.
Tous ces Pénitens prétendus
Ne portent pas même livrée ;
Chaque compagnie a ſes us
Et ſa couleur plus ou moins bigarrée ,
Blanc , gris , ou brun , ou jaune , ou bleu ;
Selon qu'ils ont penſé que Dieu
Pouvoit préférer l'une à l'autre.
Tous ces Caffards , chantans la pâtenôtre ,
Ou quelques pieux rogatons ,
Marchent par accolade :
Précédés de triſtes bâtons
Soutiens du ſquelette mauſſade
De la mort portée en parade :
Et de cent autres brimborions
Dont révoltante eſt la figure :
Pour épanter la créature
Ont ils follement inventés ,
Que les yeux impatientés
Par mépris ne regardent guerre,
J'ai ri de toutes ces miſéres
Qui n'empêcheront pas, un jour,
Beaucoup de ces dévots Confreres
D'expier, chacun à leur tour,
Par le feu de l'éternel four

L'ivrognerie

L'ivrognerie & la luxure,
Et la pareffe & l'impofture,
Dont tous ces dehors éclatans
Ne préfervent pas le dedans.

Chaque bande a comme de raifon, fa Banniere différente, fes bâtons différemment furmontés de morts plus ou moins jolies felon les goûts divers ; & en queue fon faquin * portant dans une grande hôte les armes, chapeaux & perruques de ces Meffieurs. La Proceffion que nous avons vû défiller étoit compofée de douze bandes de différentes couleurs ; quelques uns ont le vifage tout à fait couvert d'une efpece de domino ou camail, percé de deux trous en face des yeux pour voir à fe conduire. Cette invention eft des plus grotefque.

Il eft furprenant qu'une Ville comme Milan ne foit pas éclairée pendant la nuit. Celle de Turin beaucoup plus petite l'étoit autrefois, & cet ufage n'a ceffé que depuis la

______

* Crocheteur.

Tome I,   **E**

guerre de 1734, dans le tems de laquelle on employa les chaînes qui foutenoient les lanternes à la fabrication des chevaux de frife pour arrêter la Cavalerie Françoife. J'aimerois aſſés Milan s'il n'y faifoit pas fi cher vivre, s'il y avoit moins de voleurs, & fi l'on fupprimoit les boutiques de Chaircuitiers.

Malheur à la trop fenfible narine
Qu'éveille le nerf olfacteur !
Non, la plus infecte latrine
N'exhale point la puanteur
Qu'exhale chacune boutique.
Et malgré l'ancienne chronique;
Ce trifte Lac à mortelle vapeur;
Jettoit vapeur fuave,
Auprès de cette affreufe ôdeur
Que nul paffant, impunément ne brave;

Mon cœur a été tant de fois foulevé à l'approche de ces endroits empoifonnés, qu'il faut que ma plume l'en venge. Cette raifon feule m'auroit, je crois, fait abandonner Milan, quand notre plan auroit été d'y faire un plus long féjour. Te dirai-je que cette Ville eft bien fortifiée, que

ſes Egliſes ſont en général très-ri-
ches ; qu'il eſt défendu de marcher
de nuit ſans porter une lumiere ; que
l'uſage des couteaux pointus y eſt
prohibé ; que l'on y boit de l'eau de
puits, malgré la proximité de pluſieurs
rivieres ; qu'au grand Hôpital il y
a un tour dans lequel on va dépoſer
les fruits des amours clandeſtins dont
on veut ſe débarraſſer ? en voilà aſſez & je crois que tu dois n'être pas
mécontent.

Notre Domeſtique s'étant donné
les airs d'avoir la fiévre , nous n'oſâ-
mes pas entreprendre le travail d'une
journée entiere , & nous ne quitâmes
Milan qu'à trois heures après midi.
La marche de cette ſoirée fut délicieuſe ; le chemin uni comme une
glace , bordé de canaux d'eau vive,
planté de ſaules & de peuples, nous
ſembloit une avenue des champs Eli-
ſées. De droite & de gauche des prairies d'une fertilité ſinguliere , offroit à
travers leſ arbres , le coup d'œil d'un
verd tendre & flatteur. Des eſpeces
d'étangs factices nous apprirent la
peine & le travail qu'exige la nourriture la plus ſimple , peine inconnue

aux indolens Citadins qui confom-
ment fans réfléchir. Ces étangs n'é-
toient autre chofe que les plantations du Ris dont ce pays abonde.
Combien notre furprife n'augmenta-
t-elle pas à la vue de deux ou trois
canaux ménagés & conftruits l'un fur
l'autre avec une adreffe merveilleufe,
paffant fouvent par deffous le chemin même, & portant fuivant leur
deftination, & leur niveau de pente
plus, ou moins élevé, la fertilité &
la vie dans toutes ces plantations prétieufes. Nous arrivâmes fur les fix
heures à Binafco, bien fâchés, ainfi
que tu peux croire, d'avoir quitté,

> Tant de Driades, de Napées,
> De Faunes aux pieds bifourchus;
> Tant de Bergeres occupées
> A relever leurs appas ingénus
> Avec la plus fimple fleurette,
> Soit Marguerite, ou Violette.

Notre chagrin ne fut pas affez férieux pour nous ôter l'appétit, &
nous comptions dormir d'auffi grand
cœur que nous avions foupé,

Mais quelque Nimphe mécontente
D'avoir vu , contre son attente,
Deux mortels trop peu curieux
De sa taille légére , & de ses blonds cheveux ;
Cheminer , sans lui rendre hommage ;
Pour se venger cruellement ,
Dans nos draps souffla sourdement
Certain insecte , dont la rage
Est de succer le sang Chrétien ;
(L'idolâtre ; je n'en sçai rien :)
Animal que chacun respecte ,
Id est , pour son ôdeur infecte.

Mes yeux ne pûrent goûter la douceur des divins pavots : mon sang agité augmenta mon tourment par une dose d'impatience , & la secourable Aurore ne put paroître assez-tôt pour mettre fin à mon supplice. Malgré les juleps de l'Hypocrate de Milan , la siévre opiniâtre ne voulant point déguerpir de dedans les veines de notre fidéle Achate , notre embarras fut grand , & nous doutâmes si nous continuerions notre route ; cependant , conseil tenu , en présence du malade qui présuma assez de ses forces , pour pouvoir gagner Pavie , dont nous n'étions distans que de douze mille environ , nous prîmes le parti d'aller jufqu'à cette Ville , dans le deffein d'y féjourner , fi le cas l'exigeoit abfolument , & dans la confiance d'y trouver des fecours.

Nous montâmes en chaife à cinq heures du matin , & nous routâmes avec autant de fenfualité que la veille , accompagnés d'un vent frais , & d'une pluie douce qui abbattoit la poudre , fans dégrader les chemins. De plus ,

> Les Philomeles d'Italie
> Du pays faifant les honneurs,
> S'empreffaient , par la mélodie
> De leurs roulemens enchanteurs
> A dédommager de leur peine,
> Deux Français courageux
> Qui , du beau curieux ,
> Avaient quitté les rives de la Seine
> Où tout embarraffait leur choix ,
> Où préfide la bonne chere ,
> Pour un pays où mainte fois
> A peine a-t-on le néceffaire.

Après deux heures de marche qui nous parûrent très - courtes , nous nous trouvâmes devant la Chartreufe de Pavie. Nous nous imaginions trouver ici, comme en Dauphiné, quelque folitude analogue à la vie Pénitente & rétirée de cet Ordre. Mais quelle différence de pofition ! autant la premiere infpire la trifteffe, autant celle-ci eft riante. Le pays eft plat, & fertile de tous côtés, une avenue d'arbres de Sicile, dont le verd eft charmant, & la figure piramidale très - agréable, conduit pendant l'efpace d'un mille, à la Chartreufe.

L'extérieur du bâtiment, les cours, les cloîtres, le jardin garni de berceaux à perte de vue, foutenus par de petites colonnes de marbre brute, tout eft beau. Quand à l'Eglife, elle eft magnifique. On ne voit que marbre, & dehors & dedans. Le portail eft chargé de bas reliefs de favante exécution jufques dans les figures les plus délicates. Le dedans contient des Statues, des incruftemens, des chandeliers de bronze curieux, des grilles travaillées en fer & laiton d'Allemagne d'un très-bon goût ; des tableaux de grands Maîtres, des devant d'Autels de relief, où repré-

fentant des fleurs en marbre ; mais
la piéce la plus fomptueufe eft, fans
contredit, le Maître-Autel ; outre le
lapis qui y eft prodigué, on y voït
des fleurs & des fruits avec leurs
branches & feuilles, imités au naturel de relief, & le tout compofé
des pierres les plus prétieufes adap-
tées fuivant le ton de leur couleur
refpective.

Nous n'avons point eu lieu de juger de la piéce la plus effentielle
dans un Couvent, du Réfectoire ;
ces Meffieurs tels riches qu'ils foient,
font apparemment curieux de le de-
venir davantage, ou veulent donner
le goût de la Pénitence à ceux qui
les vifitent. Je ne peux pourtant pas
dire à la lettre qu'ils ne nous ayent
pas offert un verre d'eau, car notre
malade refroidi par la pluie, a été
heureux qu'on ait voulu lui en donner
deux très-chauds qui lui ont fait grand
bien : mais auffi eft-ce là tout l'effort
de la générofité de ces Peres en Dieu,
du moins à notre égard.

Les beautés de cette maifon d'abf-
tinence une fois examinées, quoique
rapidement, nous pouffâmes jufqu'à

Pavie, où nous comptions nous dédommager de la réception féche de
nos anachoretes.

L'état de ruine & de dépopulation
où eft cette Ville, rappelle le fouvenir de ces guerres d'ambition entre
l'Empereur Charles-Quint, & notre
bon Roi François, Premier du nom.
J'ai été voir le vafte Chateau prefque ruiné.

Où le fufdit François
Brave à quatre poils, mais peu fage,
　　Plus penaut que Renard en cage,
　　Aura peu dormi (que je crois)
　　Malgré la plume moëlleufe
　　Qu'à fa Majefté malheureufe
Sans doute a fait fournir le trop heureux
　　　　Charlot,
Qui de telle capture était pourtant fort fot.

Cette Ville n'a rien de remarquable que fon Pont fur le Tezin bâti
de brique revêtue de marbre en partie. Il eft couvert, d'une longueur
confidérable, pavé de très-grandes
pierres, fur un niveau prefque plat.
Près de l'Eglife dans la principale
place eft une Statue Equeftre d'An-

tonin Pie , peu flatteufe. Ce que j'ai trouvé d'abfolument nouveau pour moi , c'eft une Chapelle Octogone dont les pans ne font murés que d'os de morts pofés horifontalement , de forte que leur extrémité forme de loin une efpéce de mofaïque d'un goût tout à fait fingulier. Au milieu de chaque pan eft la forme d'une grande Croix deffinée par des têtes de morts fur un fond noir. Le paneau principal a l'avantage d'être décoré d'un fquélette entier , tenant une faulx. Le tout eft d'un effet merveilleux probablement ; mais je laiffe volontiers le plaifir de l'apprécier à Meffieurs les amateurs Italiens. Le Pape Pie V. a près de la Ville une belle Statue de Bronze érigée en fon honneur.

Pavie ne nous ayant pas paru mériter un féjour en régle , nous en fommes partis après notre dîner ; & après avoir dans notre route traverfé le fleuve du Po , nous fommes arrivés à Stradelle par des chemins trèsfangeux. Le lendemain , les chemins furent plus traitables , & environnés de prairies dont la pluie nous déroba

le fpectacle réjouiffant. Tu crois peu-
étre à toutes nos marches que notre
laquais avoit enfin expulfé l'ennemī
fecret qui mettoit le feu dans fon
fang ? point du tout : le pauvre diable étoit toujours dans la crife, &
commençoit à nous donner de l'inquiétude ; cependant le defir d'a-
vancer nous poignoit. La compaffion
que dicte la nature pour fon femblable fouffrant, nous détermina à lui
faire jouer un rôle plus relevé que
de coutume.

> Le drôle fut mis dans la chaife
> Où, fe calinant tout à l'aife
> Il dormit très profondément;
> Tandis qu'alternativement
> Meffieurs les M....ats confreres
> Modeftement embraffaient les lifieres;
> Effuyaient la pluie & les vents,
> Du Soleil les rayons brûlants,
> Et faifaient un apprentiffage
> Qui, certes, point ne leur paifait,
> Et qu'aucun A. . . . je gage,
> Trop orgueilleux, en tel cas ne ferait.

Pour nous plus indépendans de ces
minuties du quant à foi, qui ne fer

vent qu'à lier les hommes par de continuelles entraves, nous facrifiâmes à la néceffité ; chacun fit fon rôle à fon tour, & bien nous en prit. Plaifance fut bientôt vue; elle eft affez grande, mais médiocrement peuplée, régulierement bâtie quoique fort ancienne ; une rue principale y brille par fa longueur, ornée de hautes bornes ou poteaux des deux côtés, par fa direction droite, & par l'Eglife des Auguftins qui a cinq nefs. Dans la place du Château font deux Statues Equeftres en bronze des Farnézes. On ne fçauroit fe laffer d'admirer celle d'Alexandre Farnéze ; le bronze paroit avoir la vie & fe mouvoir, tant le Sculpteur (le Moca) a fçu y imprimer le feu de fon imagination ; quant à celle de l'autre Farnéze, fils de celui-ci, elle n'approche pas, à beaucoup près, de la premiere.

Le lendemain nous avons vû Cafadio, Fiorenzula, le Borgo Saint Domnin, nous avons paffé la petite riviere du Taro, fouvent groffie par les neiges, qui la rendent redoutable, & nous fommes arrivés à Parme, mais toujours accompagnés de la pluie.

Cette Ville située sur la Parma, mérite sans doute, plus que les précédentes que je m'y arrête, puisque son Souverain est le Gendre de notre Bien Aimé Monarque. Indépendamment de cela elle est bâtie assez réguliérement, sa Citadelle est jolie & une des plus fortes d'Italie ; ses promenades agréables & gayes. On élevoit alors à une des extrémités du Cours un petit bâtiment élégant, aux frais du Prince, pour servir de Caffé public, & procurer des plaisirs à ses sujets. Le Palais du Duc n'a de remarquable que la Salle de Spectacle qui peut, a ce que l'on dit, contenir douze mille spectateurs au moins. Ce qu'il y a de vrai, c'est que l'arene ou Parterre a en longueur 55 de mes pas & 40 en largeur. Le Théâtre a 50 pas de profondeur ; le tout est construit dans le goût Romain avec siéges en gradins, & colonades ornées de Statues qui font un bel effet. J'aurois desiré voir ce vaisseau rempli, je m'en fais une grande idée. On dit qu'il n'a servi qu'une fois ou deux,

C'eſt un des chefs-d'œuvre du fameux Palladio, d'autres diſent de
Vignola. La charpente qui ſert à
ſoutenir le plafond, mériteroit un
examen particulier par l'intelligence
ſinguliere avec laquelle des poutres
continuées les unes au bout des autres ſemblent par la coupe du trait,
ne faire qu'un corps & avoir acquis
la même ſolidité. Ce qu'il y a de ſurprenant, c'eſt que cet eſpace vaſte
n'eſt point défavorable à la voix. On
prétend qu'il s'y eſt donné des Spectacles de Naumachie. On a conſtruit
un autre Théâtre de grandeur ordinaire pour éviter les trop grands frais
qu'exigeoient les repréſentations ſur
le premier Théâtre.

A deux pas hors de la Ville eſt
un jardin que l'Infant vient de faire
planter un peu dans le goût des
Thuilleries. Le Palais qui ſubſiſte actuellement doit être remplacé par un
autre, & ſans doute le tout ſera majeſtueux. Comme François nous
avons été facilement introduits à la
Cour du Duc qui ne ſe ſert que d'Officiers parlant François. Nous avons
eu l'avantage de ſaluer ſa perſonne

& celle de fa fille, ce qui, avec un jeune Prince, compofe toute la Cour, leurs phifionomies ne font pas féduifantes, le pere fur tout voudroit, je penfe, le difputer en laideur à fon très-puiffant frere Dom Carlos.

Les Eglifes ne manquent pas de décoration, la coupole de la Cathédralle eft peinte par le Correge, mais l'obfcurité du Ciel & la petiteffe des fenétres m'ont empêché de jouir des chefs-d'œuvres de ce grand homme, que le tems a en partie effacés. Il n'en eft pas de même du précieux tableau de la *Madona della Scodella*, peint par le même Maître & poffédé par les Chanoines de l'Eglife du Saint Sépulchre. Il eft fain & entier, & ne permet pas aux amateurs qui l'examinent avec foin, de l'abandonner facilement.

Le Parmefan & le Guerchin fe font auffi admirer dans plufieurs autres Eglifes de cette Ville.

Le Prince poffede dans fa galerie un autre chef-d'œuvre du Corrége qui paroit encore fupérieur à celui de l'Eglife du Sépulchre. Une Eglife de Religieufes bâtie à neuf nous a offert un spectacle singulier. C'est une voute découpée à jour, à travers laquelle on voit une autre voute supérieure enrichie de peintures. Cette charlatanerie est plaisante, mais ne peut être estimée des vrais amateurs du beau. C'est dans le Sécrétariat de Monsieur Dut:llot, premier Ministre à qui nous allions faire notre cour, que nous avons lû dans la Gazette le funeste accident qui a réduit en cendre notre Salle d'Opéra de Paris. J'en ai frémi d'abord par la grandeur du péril qui en pouvoit résulter pour les lieux adjacens, & en second lieu par une commisération tendre sur une portion de mes Compatriotes.

Quoi, l'Opéra n'est plus !
Ce spectacle si nécessaire :
Ah, soupirs superflus !
Grands Dieux, que vont donc faire
Tous ces lourds suppots de Plutus
Dont la plus importante affaire,
Après avoir fêté Bachus,
S'être gonflés de bonne chere,
Est, d'aller dans une premiere
Pour digérer, suivant leurs us,
Et, nonchalamment étendus

Ronfler en écoutant Fel, Gélin, & le Miérer
        Que deviendront nos Conseillers
            A blonde chevelure
        Qui vont étaler aux foyers
            Leur pouppine figure ?
        Que deviendront tous nos plumets
        Piliers nés des coulisses :
        Qui n'ayant plus à braver les boulets,
        Bravent au moins les Caisses.

Il est, je le sçai, d'autres Spectacles, mais en est-il où la quinte-essence de la volupté soit aussi fortement extraite, que dans celui que les flammes on englouti ? J'en appelle à tant de directeurs consternés, qui après avoir eu les oreilles fatiguées le matin par le récit des effets de ce Spectacle, vont prudemment le soir s'instruire *de visu & auditu*, du point où il peut exciter ces passions si dangereuses. Mais laissons ces tristes réflexions, & suis moi plus loin.

La Ville de Parme n'étoit pas capable de nous captiver long-tems, nous l'avons quittée le 24 Avril sur les onze heures du matin, après avoir été auparavant remercier de ses complaisances à nous conduire par tout,

Un Loyolifte vénérable
Homme, certes, de probité
Qui, d'un chocolat apprêté,
Par main pieufe & fecourable,
A conforté nos eftomachs à jeun,
Dans fon élégante Cellule :
Et fans nous parler de la Bulle,
Ni d'autre Miftère importun
Concernant les enfans d'Ignace,
Nous a traité de bonne grace.

Ne va pas me chercher noife fur cette derniere rime, fi elle ne te plait pas, je te laiffe le maître d'en fubftituer une meilleure. En attendant, tu fauras que depuis Parme jufqu'à Guaftalle, nous eûmes un chemin délicieux, tout environné de richeffes naturelles, dont les guirlandes formées par la vigne, mariée aux ormeaux, ne font pas le moindre ornement,

Guaftalle n'eft ni grande ni peuplée, ni curieufe, quoiqu'affez joliment bâtie ; dans une de fes Places on voit la Statue pédeftre d'un Gonzagues en bronze, c'eft un morceau médiocre. L'hiftoire a confacré le nom de cette Ville, qui ne peut être oublié des François. Une marche de trois grandes heures nous a mis au fortir de cette Ville, fur la rive de ce fleuve, autre fois fi célébre par la chute d'un étourdi, & aujourd'hui fi large auprès de *Borgo Forte*, qu'il infpire la frayeur. Après trois bonnes heures de tems perdu à attendre que le paffeur fut revenu de la rive oppofée où il étoit, à la nôtre, nous avons franchi ce torrent avec beaucoup de peine ; nos chevaux qui n'avoient pas penfé comme nous fur la perte du tems, n'en étant que plus frais, nous rendirent en quatre heures environ dans certaine Ville dont tu devineras bientôt le nom,

> Si je te dis que dans fon fein *
> L'aimable Maron prit naiffance,
> Ce Poète par excellence,
> L'honneur de l'Empire Latin,
> A qui mille rendent les armes ;
> 'A qui Didon dût tous fes charmes , &c. &c.

---

* Virgile n'eft pas né exactement dans Mantoue, mais dans le village d'Audés qui n'en eft pas diftant d'une lieue.

Il eſt fâcheux que l'air de Mantoue ſoit corrompu par des marais
étendus, formés par les eaux du Mincio,
que l'intérêt de la ſanté devroit bien
engager les habitans à deſſécher;
car elle eſt grande, gaye, & meublée de femmes aimables. La preuve
que la population n'eſt pas conſidérable, c'eſt que les rues pour la plupart produiſent une pâture abondante aux chevres. Le Palais du T qui
recele encore des reſtes précieux des
nobles compoſitions de Jules Romain
Eleve célébre du Grand Raphael,
l'Egliſe Cathédrale de St. Pierre,
qui a ſept nefs, & le pont de la porte
Molina, qui eſt très-long & couvert
comme une galerie, ſont les ſeuls
objets qui ont attiré notre attention.

De Mantoue nous avons eu bientôt gagné Villa França, & alors
nous nous ſommes trouvés ſur le territoire de l'illuſtre République de Veniſe, & toujours cheminant entre les
muriers blancs & les guirlandes de
vignes, nous ſommes arrivés à Vérone, Ville aſſez conſidérable, bâtie
réguliérement, ferméede murs très-

hauts , embellie par l'Adige qui la traverfe d'un cours rapide ; ornée de plufieurs beaux Palais couronnés de Statues , poffédant les froides reliques de plufieurs grands hommes , & entr'autres des Scal géri ; riche en tableaux , & en promenades , où les équipages & les fauteuils roulans ne manquent point. Le fort *Sanpietro* bâti fur une hauteur & yu de deffus le Ponte-Nuovo, eft un des points de vue les plus agréables. Les amateurs de l'antiquité ne doivent pas manquer d'aller voir un des monumens le mieux confervés de l'Empire Romain. C'eft un Amphitéâtre oval bâti tout de marbre non poli , dont l'Arène a 120 pas de long. Il contient quarante-fix rangs de gradins dont le plus élevé a 680 pas de circonférence , mefuré par ton ferviteur. On prétend qu'il contenoit 22000 fpectateurs ; que cela foit ou non, ce n'eft pas là mon affaire. Nous avons examiné les voûtes , les loges des bétes féroces , les efcaliers de dégagemens pour le peuple , les galeries tournantes ; tout cela nous a été expliqué *ad unguem*, par Mon-

fieur le Comte de *Bevilacqua* & eſt encore très-ſain & entier. quant à l'enceinte extérieure qui s'élevoit au-deſſus du dernier rang de gradins , &
qui formoit la décoration complette
de cet édifice , elle eſt preſque entié-
rement détruite. Monſieur le Comte
de Bevilacqua eſt un de ces Meſſieurs complaiſans qui conſacrent
leurs pas & leurs lumieres aux Etrangers , à trente ſols par jour. Cet
emploi te paroit peu câdrant avec
la nobleſſe , mais tu ne ſerois pas ſi
étonné ſi tu euſſes vu le perſonnage ;
Monſieur de tout à Bas & Monſieur
de Bevilacqua ne feroient à-peu-près
qu'un ; auſſi ai-je penſé maintes fois
lui rire au nez ; & lui de tenir ſon
grave , de ſe faire rendre le ſalut dans
les rues par beaucoup de gens bien
vétus ; il a très-bien joué ſon rôle ,
même l'épée au côté ; nous avons eu
lieu d'être fort contens de ſon éru-
dition , & lorſqu'il a été tems de re-
connoitre ſes bons offices , il nous a
obſervé d'un ton compoſé que ce
n'étoit point comme ſalaire qu'il ac-
ceptoit ce que notre bienveillance
lui offroit , mais comme un acte de

bienfaiſance de notre part , attendu
que la pauvreté ne reſpectoit pas ſa
naiſſance , c'étoit un très bon dénoué-
ment à la Comédie, comme tu vois.
Il eſt pourtant vrai qu'il y a un Palais portant ce nom. Pour en revenir
à notre Amphitéâtre , une partie conſidérable du double ceintre extérieur,
formée d'immenſes piliers quarrés ſur-
montés d'arcades , ſubſiſte encore &
étonne par la ſolidité de la bâtiſſe ; on
voit encore les reſtes de trois arcs de
triomphe antiques, dont un eſt de Vi-
truve. La porte de Vérone conſtruite
par le Palladio, quoique non terminée
eſt un des morceaux les plus curieux
de cette Ville. Je n'ai pas beſoin de te
dire que le Paul Véroneze a embelli
ſa patrie d'un bon nombre de ſes excellens tableaux. Ceux qui préferent
les belles choſes modernes & animées , aux antiques ſans mouvement,

> Auront les yeux plus ſatisfaits ;
> Y verront les naiſſans attraits
> Des beautés dont Vérone abonde :
> Et pour la brune & pour la blonde
> Leur penchant incertain
> Rendra leur cœur perplexe ;

Dont fe rira l'enfant malin
Voyant leur marche circonfléxe.

Vicence où nous avons defcendu
le lendemain, eft bien inférieure à
la Ville précédente, on y trouve cependant plufieurs chofes qui lui donnent un prix, telles que des Palais
bâtis par le favant Palladio. L'endroit où notre curiofité a le plus travaillé, eft le Théâtre Olimpique. Ce
Palais de Melpomène dans le goût
Grec, n'a rien de femblable à
ceux de nos jours. L'emplacement
deftiné aux fpectateurs eft une
moitié d'ôval, dont le Théâtre
forme la baze. Quinze rangs de
gradins de foixante pas de longueur font terminés vers le haut par
un Paradis, foutenu d'un rang de vingt-
huit colonnes couronnées de Statues.
La cage de l'Edifice étant de forme
quarrée, procure derriere ces colonnes, deux angles occupés par les efcaliers. Le *profcenium* préfente la façade d'un magnifique Palais, ayant
trois portiques de face & un en retour d'équerre de chaque côté ; chaque portique laiffe voir une rue, &

entre

entre ces rues, des maffifs de maifons élevées en perfpective fur un plan incliné roide, montant au point de vue ; le tout eft exécuté en bois peint fur les deffeins du Palladio, auteur de tout l'Edifice. Si par là on a voulu favorifer l'unité de lieu & la vraifemblance des *a parte*, on a réuffi ; mais auffi s'eft-on ôté la faculté de changer de décorations, & de varier & renouveller. le plaifir d'un grand nombre de fpectateurs. La Salle de Juftice eft remarquable par fa grandeur, & par plufieurs tableaux du Titien.

De Vicence à Padoue, il y a fix heures environ de marche. Il étoit plus que midi lorfque nous fommes entré dans fes murs. Cette Ville eft grande, mais en même tems peu plaifante à l'œil, fes bâtimens en général ne font pas flatteurs ; elle eft pavée de grandes pierres maintenant fi dégradées qu'il vaudroit quafi mieux qu'elle ne le fut pas du tout. Les Claffes de fon Univerfité nous ont paru ne pas répondre à l'affluence d'étudians qui y abondoient, dit-on, autrefois. Le Jardin des Plantes quoique petit, eſt élégant, ſurtout par l'Architecture cintrée, eſpacée de grilles qui le ferment. La Salle du Palais de Juſtice eſt encore plus grande que celle de Vicence. Elle a 115 pas meſurés par moi en longueur, ſur 50 en largeur. L'Amphitéâtre deſtiné aux fêtes publiques ne conſerve preſque plus rien d'antique & de remarquable. Le tombeau d'Antenor, fondateur de cette Ville nous a été montré comme piéce d'antiquité, il ne nous a pas paru trop grand pour un tombeau de Géant, on y voit auſſi celui de TiteLive. Deux Saints, ou du moins un Saint & une Sainte, diſputent entr'eux pour la richeſſe de leur habitation. Antoine ne ſe pique pas d'avoir un Palais bien bâti, mais en revanche il eſt riche en vaiſſelle, Son tombeau avec bas reliefs en marbre, eſt environné d'un nombre conſidérable de lampes d'argent les plus riches. Il poſſede outre ce, un immenſe tréſor enfermé dans une Chapelle au bout de l'Egliſe ; les portes des armoires ſont revêtues d'argent à l'extérieur. Ce ſont les profits des peines qu'il ſe donne pour faire retrouver au peuple ſes breloques perdues.

Proche cette Egliſe eſt une Statue Equeſtre en bronze, du Général Catta Mélata, Capitaine Général des Troupes de la République de Veniſe, que le tems commence à ne plus reſpecter.

Juſtine moins curieuſe de métaux, brille par le marbre répandu dans ſon Temple, & par la nobleſſe de l'Architecture. Les Statues n'y ſont point épargnées & contribuent à la décoration de cette Egliſe que j'appellerois volontiers un petit Saint Pierre de Rome. Cette Sainte entretient à ſon ſervice une ſoixantaine d'Officiers à tonſure, qui par leur mine font honneur à leur Dame. En face de cette Egliſe eſt un très-petit pré haut où la Sainte a été martiriſée; la fertilité de ce pré va juſqu'à onze récoltes; je ne ſçai pourquoi le peuple ne veut pas completter la douzaine. Les Religieux vendent auſſi un onguent excellent pour les maux préſents & à venir. Cette Ville quoique grande, n'eſt guéres bruiante dans les tems ordinaires, & n'annonce qu'une population médiocre. Tant de curiofités ne nous empêcherent pas de defirer de nous éloigner pour gagner cette fameufe République Aquatique dont la prudence eft fi vantée. La petite riviere de la Brenta foutenue par quatre éclufes forme la communication entre Padoue & Venife, & au moyen de plufieurs galliotes qui vont & viennent, les paffagers n'ont point d'embarras. Pour éviter les longueurs de cette voiture nous louâmes un petit carroffe à quatre places, lequel nous mena grand train, le long du canal de cette riviere, jufqu'à un endroit appellé Mire. Les bords de ce canal font garnis de maifons de plaifance magnifiques, où les nobles Vénitiens viennent fe dédommager de leur prifon marécageufe. Le jour baiffant nous priva de ce fpectacle que nous réfervâmes pour un autre tems. Nous defcendîmes de notre carroffin vers les dix heures du foir, pour nous embarquer fur une de ces galliotes dont je viens de parler. Ah, mon cher, quelle voiture !

Une centaine de manants
Portant tous haleine empeſtée,
Se vautraient ſur ſept ou huit bancs
Que cette voiture infectée
Contenait dans ſon flanc étroit.
Mainte femelle, à la peau biſe,
Pour ſon argent, uſait du droit
De babiller, & deſſous ſa chemiſe
Gliſſant ſans ceſſe une ruſtique main,
Cherchait dans ſon flaſque tetin
Le poux, la puce, & la punaiſe.
Moi, dans mon coin, mal à mon aiſe,
Tout environné de paquets,
Contraint de ſerrer les jarrets,
Et d'avoir la tête étouffée
Sans pouvoir invoquer Morphée,
Je répandais mes bénédictions
Sur cette canaille groſſiere,
Qu'un boiſſeau d'imprécations
N'aurait pu contraindre à ſe taire.
De tems en tems par un pertuis
Paſſant le col, je charmais mes ennuis
En ſcrutant la démarche lente
De la Déeſſe au front d'argent,
Dont l'éclat doux & peu puiſſant,
Blanchiſſait notre nef flottante
Et découvrait quelques objets ;
Mais ſous des angles imparfaits.

F iij

La nef cependant alloit fon petit train, on paſſa Suſine, qui eſt le dernier point de terre ferme, & ſur les deux heures après minuit un tapage extraordinaire nous annonça que nous allions débarquer. Effective-ment nous étions alors arrivés devant la Douane de Veniſe, dont les Commis vigilans, la lanterne à la main, gravirent ſur notre bord, mirent nos paquets ſur le tillac, & ſans quartier boulverſérent nos malles, au point que la moité de nos effets miſe dehors, & n'y pouvant plus rentrer, penſa tomber dans la Mer. Cette expédition finie, nous conti-nuâmes notre route dans les canaux, ſans voir clair; mais nos conduc-teurs expérimentés nous rendirent ſains & ſaufs au lieu de leur deſtina-tion. Là un bateau ſe chargea de nos paquets & de nos perſonnes, & nous porta à l'autre bord du grand canal, à l'Ecu de France, dont l'Hôte éveillé par les coups redou-blés de marteau, nous offrit de fort bonne grace, au moyen d'un ſequin & demi convenus pour notre loge-ment & nourriture par chaqu'une

journée, des lits que nous nous em-
preſſâmes d'occuper.

Tu ne m'en voudras pas, je l'eſpe-
re, ſi cette lettre eſt beaucoup plus
courte que la premiere. Je crains
toujours de t'ennuier ; de plus, quoique je ne joue pas à ton égard le
rôle d'un ſpectateur profond., qui ne
fait pas grace des plus minces details,
& qu'au contraire je ne prenne que
l'écorce & la ſuperficie des choſes,
cependant je ne me ſens pas la force
d'entamer pour le moment la deſcription d'une Ville telle que Veniſe ; quelque legére qu'elle puiſſe être,
elle demande toujours du tems & de
l'application ; ainſi lorſque j'aurai jugé ſans précipitation de la bonté de
nos lits Vénitiens , & que j'aurai fait
une nuit à la Vénitienne, c'eſt-à-dire
que j'aurai dormi la graſſe matinée ;
je ferai mon poſſible pour te dédommager de la briéveté de celle-ci.
*Mentre ſono d'ella tua Signoria'l devo-
tiſſimo Schiavo.*

�֍

F iv

LETTRE TROISIEME.

De Venise.

AH, mon cher, c'eſt ſans doute ici que Morphée a établi ſon domicile favori ! quelle nuit délicieuſe que celle qui n'eſt point troublée, ni par le roulement des équipages de nos petits Maîtres, lorſqu'ils reviennent de leurs ſoupers fins, ni par le piétinement des chevaux qui logent ſous le même toît, ni par les cris groſſiers de la canaille qui ſort des tavernes. Telle fut la premiere, telles ont été toutes les nuits que nous avons paſſées dans cette Ville paiſible.

Malgré le deſir naturel de ſacrifier à la curioſité toujours impatiente, il ne fit jour pour ton ami, que ſur le midi. C'eſt dans ce moment que ſe donnant à peine le loiſir d'endoſſer quelques vétemens, ſa premiere démarche fut de lever le chaſſis de ſa fenêtre. J'avois beau me frotter les yeux, je me croyois encore fous la puiſſance du Dieu qui m'avoit rendu de ſi grands ſervices pendant neuf heures de bon compte, je m'imaginois qu'un des enfans legers de ce mếme Dieu ſe plaiſoit à amuſer mon imagination par des objets fantaſtiques; il n'en étoit rien, & les Etres que je voyois ſe mouvoir, agiſſoient bien réellement. Je vis clairement que j'habitois ſur le bord d'un large canal dont le bord oppoſé offroit à ma vue, dans un mélange aſſez indiſtinct, des maiſons médiocrement bien bâties & des Palais ſomptueux dont le pied étoit dans l'eau. Je me croyois tranſporté dans un monde nouveau, & j'y étois en effet. Point de voitures, point de chevaux, point de mulets, (ni ânes par conſéquent du moins à quatre pieds,) en un mot rien de tout ce qui forme à Paris ce brouhaha qui tient ſi fort du cahos général. Quelques batteaux chargés des différentes marchandiſes néceſſaires ou utiles couvroient les bords de ce baſſin; mais ce qui me parut le plus ſurprenant, ce fut le nombre & la forme de ces petits tombeaux voguans, tout couverts de

F v

drap noir, ayant leurs extrémités armées, ou du moins ornées d'une espéce de hache dentelée, en fer exactement poli, & conduits rapidement, le plus souvent, par un seul homme monté droit sur la pouppe, & faisant avec une seule rame sur laquelle il abandonne en avant le poids de son corps, toutes les évolutions possibles avec la plus grande promptitude. Ce sont ces petits tombeaux que l'on appelle gondoles Vénitiennes : j'aurai occasion de t'en donner par la suite une description plus détaillée; tout ce que j'ajouterai pour le présent, c'est que les conducteurs ne font pas grande dépense en paroles, & qu'au moyen de deux ou trois mots au plus, qu'ils laissent nonchalament échapper de leur poitrine, ils s'avertissent de loin, & par là, préviennent les chocs & les embarras qui pourroient les retarder.

Mes spéculations furent interrompues par le Maître d'Hôtel de la Cafe qui nous annonça que la soupe étoit servie. Cette nouvelle ne m'affligea point, non seulement, parce que mon appétit me follicitoit, mais aussi

par le defir de connoitre la qualité
des nourritures du pays, la façon de
les affaifonner, & toutes les chofes
dépendantes du fervice de la table.
Nous n'eûmes point lieu de nous re-
pentir d'avoir changé d'occupation ;
on nous fervit à la maniereFrançoife,
même avec entre-mêts pour troifiéme fervice. Le plat le plus mauvais
dans les auberges & furtout en Italie ,
je veux dire la foupe , fut toujours
bon pendant notre féjour chez notre
brave Hôte de l'Ecu de France. Le
bœuf affez bon, le veau & le mou-
ton meilleurs, les pigeons fucculents,
la volaille graffe & tendre, le poiffon frais , nous dédommagérent de
tant de méchants ragouts , & de tant
d'abftinences que nous avions prati-
quées malgré nous , dans nos différentes routes. Cette Ville, malgré fa pofition finguliere , fans continent,
abonde de toutes lesProductions de la
terre ferme, & prefque toutes font
bonnes, à l'exception du vin qui eft
plat & mélangé, àmoins qu'on ne
veuille le payer exceffivement cher,
l'eau que l'on apporte de deux
lieues à pleins batteaux , y con-
F vj

tracte pour l'ordinaire un goût
aſſez déſagréable. Quant aux fruits,
la ſaiſon ne nous a pas permis d'y
goûter ; on dit qu'ils ſont de qualité
médiocre, parce que l'on eſt forcé
de les cueillir bien avant leur point
de maturité, pour qu'ils puiſſent ſoutenir la longueur du tranſport.

Le but de notre premiere courſe
après le dîner , étoit de voir la
fameuſe Place de ̄ Saint Marc que
l'on nous dit n'être pas beaucoup
diſtante de notre habitation. Nous
avions déja fait l'acquiſition d'un
Ciceroni , dont on pourroit moins ſe
paſſer à Veniſe , que partout ailleurs.
La pluie tomboit depuis le matin ,
mais elle ne fut pas capable de nous
faire la loi , notre guide nous conduiſit à travers mille petites rues où
à peine paſſe-t-on deux de front ſans
ſe heurter , nous fit monter & deſcendre des ponts ſans nombre, &
malgré les détours de ce labirinthe ,
nous rendit à la fin dans cette Place ſi
vantée.

Tu m'en voudrois ſi je ne t'en fai-
ſois pas la deſcription ; je vais donc
te ſatisfaire de mon mieux , autant

que ma mémoire voudra m'être fidèle. Imagine un quarré long de près
de trois cent pas, fur cent de largeur environ. Les deux grands côtés
font flanqués chacun d'un corps de
bâtiment d'une feule piéce, les matériaux ou pierres font de marbre.
La belle Architecture, les Sculptu-
res fe font remarquer; furtout du
côté gauche de l'Eglife Saint Marc.
Le rez-de-chauffée ouvert par une co-
lonade forme une gallerie couverte,
que décorent des boutiques de toute
efpece, furtout des Caffés, fi petits,
que l'on prend fes fiéges à la porte.
Toute cette place ainfi que les Gal-
leries, font pavées de grandes pierres de taille qui rendent le prome-
noir doux & facile. Une des extrémités eft terminée par des maifons
bâties fur le même plan & par le
petit portail de San Giminiano. L'autre par l'Eglife de Saint Marc dont
le portail de .goût gothique & fingulier, ne préfente rien de bien merveilleux.

Il eft garni de colonnes de marbre de toutes couleurs fans la moindre fymmétrie quelconque; la plus

part même font fi noircies que l'on s'apperçoit à peine que c'eft du marbre. Les chevaux dorés qui terminent ce portail, ainfi que tu l'as pu lire dans maint voyageur, forment une décoration extraordinaire qui a un air de nobleffe, mais qui ne parroit point liée avec le refte. A l'Eglife tient le Palais Ducal dont la bâtiffe, quoique de goût gothique, eft remarquable & dont les dedans font précieux par nombre de tableaux des Grands Maîtres.

La Place de Saint Marc a fans doute des beautés, & par fa régularité, & par le goût de fon Architecture; mais n'en déplaife à tous Meffieurs les Nobles ou Sénateurs, ou autres, fi fort engoués de ce morceau, je dirai toujours que,

Malgré la belle Architecture
Et les colonnes de bon goût,
Où le Sénateur peut partout
Promener fa grave figure,
A l'abri de l'humidité :
Certain air de captivité
M'a rendu ce lieu moins aimable;
On n'y voit point affez les Cieux,

Et c'eft une cage agréable
Qui n'a droit de flatter les yeux ;
Qu'alors que bien illuminée
Pendant certains tems de l'année
 Confacrés aux plaifirs,
Momus permet que Clarice & Silvie
Puiffent augré de leurs defirs,
Y recevoir des vœux & des foupirs,
Sans craindre la jaloufe envie
 Des maris peu galants,
Ni les importuns furveillants.

Effectivement cette Place quoique belle & noble, infpire la trifteffe plutôt que la gayeté, à moins que les jours de carnaval n'y conduifent les plaifirs femillants. C'eft ce dont nous avons été témoins pendant le petit Carnaval de l'Afcenfion. Des boutiques de Marchands, bâties à la hâte, & adoffées les unes aux autres forment des rues amplement éclairées par les boutiques mêmes. Beaucoup de marchandifes d'ajuftement & furtout beaucoup de glaces, de miroirs, de luftres étalés, augmentent le coup d'œil lumineux. Les grouppes de mafques qui vont & viennent, le murmure général qui régne dans toute cette place, nous ont transporté en idée à notre Bal d'Opéra de Paris; à cette différence près, que les Masques femelles portent à Venise le chapeau d'homme, ce qui leur donne un air bien plus coquet, & d'un autre côté, que la monotonie de la couleur noire de tous les dominos, bahutes & tabaros, diminue de beaucoup le riant du coup d'œil que fournit à Paris la variété sans fin des nuances, soutenue du caprice & même du grotesque des habillemens.

La petite Place de Saint Marc qui n'est que le retour d'équerre de la grande, quoique très-petite, l'emporte de beaucoup par la beauté du coup d'œil. Outre le Palais Ducal qui la borde d'un côté, & de l'autre celui de la Librairie (ou Bibliothéque) auquel est adossé ce qu'on nomme *la Loggetta*, toutes choses remarquables, ainsi que ces deux colonnes de granite dont on parle tant, Elle a en face un superbe canal qui la vient baigner à raze terre, & au dela du quel la vue s'étend sur de magnifiques Edifices. Cette Place participe aux mêmes Fêtes de Carnaval, que l'autre, dont elle fait partie. La tour ou clocher, dit de St. Marc, qui tient presque aux procuraties neuves, est une masse quarrée surmontée d'un Ange de bronze servant de girouette. Sa hauteur est d'environ trois cent pieds. On prétend qu'elle existe depuis le douziéme siécle. Du haut de cette tour on domine agréablement sur toute la Ville, & ce coup d'œil est magnifique.

On ne peut disconvenir que Venise ne soit une Ville très-belle. Le nom de Reine de la Mer lui convient parfaitement; il semble effectivement qu'elle sorte du sein des eaux & qu'elle en soit respectée; cette position unique ne peut être peinte par la description la plus exacte, & jamais l'écriture ne pourra dédommager l'esprit, du manque du sens de la vue. Mais de pareils objets, pour conserver cet air de Majesté qui impose, ne doivent être pris qu'en grand; dans le détail on trouve toujours à déprimer: les canaux sont à la vérité remplis par les eaux de la Mer, mais elle y fait tant de circuit,

que dans la plupart elle paroit crou-
piffante & fans mouvement , & perd
cette limpidité qui en doit faire le
mérite. Les Palais brillent par la
beauté de leur façade , où l'Architecture a déployé fes compofitions fça-
vantes (car c'eft principalement à la
décoration extérieure que l'Italie fa-
crifie) & la pierre dont ils font bâtis eft le marbre blanc , mais fouvent ils fe trouvent cotoyés par des
batiffes communes & dégradées qui
rompent cette belle unité que l'œil
defire ; d'ailleurs l'air de la Mer jette
fur le marbre une efpéce de rouille
noire qui lui fait perdre tout l'a-
grément qu'il tiroit de fa blancheur. Le derriere de ces Palais ne
préfente fouvent qu'un afpect fans
fymétrie , fur le bord de petits canaux étroits qui font le réceptacle
de toutes les immondices.

Les rues [de terre] font, comme
je l'ai dit, extrêmement étroites ; la
hauteur des maifons les rend fom-
bres ; elles font à la vérité entretenues proprement au moyen des pierres de tailles bien jointes qui en
compofent le pavé, & d'un conduit

en ruiſſeau à l'un de leurs côtés, qui
procure un écoulement facile aux
eaux du Ciel, mais elle ne ſont deſ-
tinées qu'aux boutiques, & pour le
paſſage des gens du peuple. Les gens
de plus haut étage ne connoiſſent
que les rues d'eau, c'eſt-à-dire les
canaux, & ils ont raiſon; premiere-
ment parce que l'on évite bien des
circuits, & ſecondement par l'agrément de la voiture qui les tranſporte.

La forme de la gondole eſt extrêmement allongée, & étroite ; quoiqu'elle puiſſe porter ſix perſonnes,
elle n'eſt commode que pour deux
qui ſont aſſis, ou plutôt couchés à
moitié ſur des couſſins molets à un
des bouts du petit appartement fermé qui contient les voyageurs. Ils
ont de droite & de gauche une petite fenêtre qu'ils ſont maîtres de tenir ouverte, & de fermer, ſoit avec
un paneau de bois plein ou garni de
crepe noir, ſoit avec une glace mobile dans une couliſſe. Les quatre autres places ſont ſur des bancs adoſ-
ſés aux flancs du cabinet, mais ceux
qui les occupent ſont obligés de ſe
tenir courbés à cauſe du peu d'élé-

vation du deſſus de ce petit appartement. Le côté de la proue eſt fermé d'une porte garnie de glace. Tous
les gens aiſés ont leur gondole à eux
& deux gondoliers, & le beau ſexe
doit y trouver de grandes reſſources
pour ſa délicateſſe ; auſſi eſt-ce un
ſpectacle fréquent qu'une femme aimable étendue nonchalemment, à la
Turque, ſur ſes couſſins, liſant la
brocure à la mode, & laiſſant appercevoir ſur le bord de la petite fenêtre un bras qui le diſpute à l'ivoire.

Ces gondoles ſont plus ou moins
ornées de houpes & agrément de laine
ou ſoie ſuivant le goût du maître,
mais en obſervant toujours que les
étoffes, ſoit la doublure du dedans,
ſoit le tapis du dehors, doivent être
noires. Cette régle a été inſtituée
pour éviter le progrés du luxe, &
pour mettre tous les Nobles au niveau, malgré la diſproportion infinie
de leurs richeſſes. La nuit eſt le tems
où ces petits bâtimens ſont plus en
mouvement, puiſque les aſſemblées
& les amuſemens ne ſont que de nuit.
Alors chaque gondole portant en
proue une, ou pluſieurs petites lan-

ternes, il femble à les voir voler; pour ainfi dire & difparoître en un clin d'œil, que ce foit des groupes de ces infectes aîlés à qui la nature a donné un phofphore naturel pour les guider, ou de ces follets qui, dit-on, conduifent les voyageurs au bord des précipices.

Il feroit imprudent à moi d'entrer dans le détail des mœurs de ces Républicains; affez d'autres en ont parlé, & plufieurs en parleront encore amplement. Je ne fçavois pas affez le langage Vénitien pour fréquenter les compagn'es, pour affifter aux converfations des *rafins*, pour participer aux parties de jeu, & le tems de mon féjour étoit trop limité. Tout ce que j'ai appris en gros, c'eft que le jeu fait la principale occupation du Vénitien, & à plus forte raifon de la Vénitienne; que les Nobles qui ont été, de néceffité, captifs toute la matinée fous leurs perruques *infolio*, & leurs grandes jaquettes noires, quittent le foir tout cet attirail lugubre, arborent l'épée, la bourfe, l'habit de couleur [fans ga--lons] & fe dédommagent par la liberté de la nuit, de l'esclavage du matin ; que c'est dans leurs *casins* qu'ils vivent habituellement & reçoivent la compagnie.

Les *casins* sont de petites maisons, ou de petits appartements achetés, ou loués aux environs de la Place de Saint Marc, pour la commodité des Nobles, qui par là sont plus à portée de se rendre au Palais Ducal pour les affaires publiques. Ils diffèrent de ces petites maisons de nos Financiers Parisiens, en ce que ceux-ci ont grand soin de les choisir les plus éloignés qu'ils peuvent de l'œil du public.

Le soir les Dames se rendent aux casins avec leur compagnie, & leurs *cicisbés*, commencent des parties de jeu, vont sur la Place de St. Marc prendre l'air & boire des liqueurs fraiches, rentrent pour faire de nouvelles parties, & chacun se retire sur les trois heures du matin, sans qu'il ait été question de souper. Par là tu vois que les plus magnifiques Palais ne sont gueres habités, s'ils le sont, ce n'est qu'une partie du second étage où réside la maîtresse de la mai-

ſon, car le premier appartement riche en peintures à freſque & en tableaux, ornés de luſtres, conſoles,
meubles dorés, bronzes & parqueté
en ſtuc de diverſes couleurs avec
compartiment, n'eſt réſervé que
pour les jours de grand gala; & le
reſte du tems tout eſt enveloppé &
couvert, pour la plus grande conſer-
vation.

Je viens de te parler des *Cicisbés*,
qui accompagnent les Dames Vénitiennes; je ne ſçai trop comment te
faire comprendre ce que c'eſt que
cette eſpece d'hommes dont on parle
tant : c'eſt il me ſemble un animal
indéfiniſſable par les contraſtes qui,
ſelon le oui-dire, exiſtent dans ſes
procédés.

> Qu'en tous lieux, malgré ſa fierté,
> L'homme aille offrir à la beauté
> Et ſon tribut, & ſon hommage,
> Qu'il chériſſe un tendre eſclavage
> Et les plaiſirs du ſentiment,
> Cela n'étonne nullement :
> Surtout à la fleur du bel âge.
> Mais que la plus laide guenon
> Veuille avoir, ainſi qu'un tendron,

Un serviteur à toute épreuve;
La chose est pour moi toujours neuve.
Que ces galans ainsi que des valets
Commandés en vrais imbéciles,
Remplissent des emplois serviles;
Ne puissent s'absenter jamais
Sans le congé de la maîtresse :
Que partout, jusques à la Messe
Ils l'accompagnent pas à pas :
Qu'ils portent sur eux les ducats,
Et qu'en nombreuse compagnie
Après la fin d'une partie
Ils acquittent la perte & reçoivent le gain :
Que les maris, d'après ce pact certain
Que chez eux l'usage authorise,
N'en prennent chagrin ni souci;
Que toute femme agisse ainsi
Par nécessité dans Venise,
Sous peine, s'il est autrement
D'être par un arrêt sévere
Dont on n'appelle aucunement,
Jugée incapable de plaire :
Arrêt sans doute si cruel
Qu'à toute femme il est essentiel
D'en prévenir l'ignominie :
Enfin, si par goût émoussé,
Ou par boutade, ou bien furie,
L'amant valet se voit chassé

Qu'il

Qu'il puiſſe dans un long Mémoire
D'étailler les frais , loyaux-couts
Qu'il a , de fait public , notoire ,
Pour le jeu , meubles , & bijoux,
Faits pour ſa Dame trop hautaine
Pendant un an , un mois , une ſemaine
Que de ce groteſque papier
Ou par la femme , ou par le mari même,
Il puiſſe ſe faire payer ;
C'eſt le ſujet de ma ſurpriſe extrême.

La Nobleſſe des procédés Français doit te rendre ce récit incroyable , cependant on dit que cette méthode eſt pratiquée publiquement dans cette illuſtre République , & dans preſque toute l'Italie. Si nos dames de Paris en ont , ils ſont moins eſclaves, pour l'ordinaire, moins publics , & ſurtout plus généreux , à moins que celles qu'ils ſervent ne ſoient dans la triſte néceſſité de payer.

Le rendez-vous de promenade , les jours de Dimanche ou de fête, eſt aſ-ſigné ſur le grand Canal : les jambes comme tu vois n'y ſont pas un exer-cice violent. Il faut bien ſe contenter de celle-ci , puiſque dans toute la ville il y à apeine deux jardins particuliers , encore très petits. Il eſt vrai que l'on peut ſe faire conduire à une Iſle voiſine , où ſont quelques guinguettes , quelques maiſons de plaiſance , ſans compter les bords même de l'Iſle , qui fourniſſent plus d'eſpace pour ſe promener. Nous n'avons pas manqué d'aller là ſouvent chercher à récréer nos yeux par le riant aſpect de la verdure , dont un Français ne peut long-tems ſe paſſer.

La plus part des étrangers qui vont à Veniſe , y ſont attirés par le déſir devoir cette fête Romaneſque , ſi ridicule au fond, ſi brillante à l'extérieur , & plus politique que l'on ne croit. Nous attendions ce jour avec impatience : enfin il arriva , nous nous tranſportâmes des huit heures du matin au Palais Ducal , dont la forme extérieure eſt ſinguliere, & qui renferme audedans bien des beautés. Le marbre prodigué & délicatement travaillé, les ouvrages des Tintoret, Paul Véroneze & autres peintres de cette volée , la grandeur des appartemens , tout contribue à le rendre majeſtueux. La ſalle des *Prégadi* [ou du Grand-

Conseil] a quatre vingt pas de longueur, & contient, dit-on, six ou sept cent Nobles assis. Nous fûmes placés sur un balcon saillant, dominant sur le Canal, où le fameux Bucentaure amené des la veille, attendait l'honneur de voiturer sa Sérenité Dogesse chez son Auguste épouse. La forme de ce bâtiment tient beaucoup de celle d'une Galere : excepté qu'il a deux étages & un pont. L'étage inférieur est occupé par les gens de la manœuvre. Le Supérieur par les Sénateurs & le Doge, à la pouppe. Les siéges de ces Messieurs, vûs de près, offrent un travail immense de bois de placage à compartimens & figures dessinées. Ce petit vaisseau est magnifique en figures sculptées dorées ; il porte cent pieds en longueur. Son pont est couvert d'un tapis de velours cramoisi. Il a un petit mât auquel pend un écusson où sont peintes les armes de sa Sérenité.

Bientôt nous vîmes arriver les deux Péôtes du nonce du Pape, dans l'une desquelles ce Prélat étoit, & venoit pour se rendre chez le Doge, & le suivre à la cérémonie. Ces

Péotes font des batteaux, au centre
defquels eft conftruite une petite
chambre quarrée à jour, pouvant contenir huit ou dix perfonnes, elles
font conduites par huit gondoliers.
Celles-ci étoient brillantes de fculptures dorées, & garnies de glaces à
toutes les ouvertures. L'ameublement
blanc de l'une & le cramoifi de l'autre étoient fomptueux, des couffins
mollets fans nombre garniffoient les
fiéges, & des rideaux a crépines d'or
fufpendus galamment, jouoient autour des fenêtres.

A ce goût délicat, cette élégance exquife,
   Soudain je reconnus l'Eglife.

Le Prélat defcendit radieux, fit
fendre la foule, bénit tant qu'il put,
& monta au Palais. Ces Péotes furent
fuivies de plufieurs autres de diverfes
couleurs, bien plus grandes, ayant
chacune fes livrées fur les bafques
des rameurs, & portant un grand
nombre d'étrangers curieux de femer
leur argent chez les républiquains.
A leur fuite une quantité innombrable de ces petits tombeaux noirs,

ou gondoles, couvroit tout le canal.
Ces petits batimens allant & venant
fans ceffe, les uns pour voir, les
autres pour être vûs, femblaient s'a-
giter pour nous fournir un fpectacle
amufant qui nous fit paroître l'attente
moins longue. Deux galéres peintes
& dorées, garnies de toutes leurs
rames & de leurs banderolles vinrent
fe placer aux côtés du Bucentaure &
faluérent de plufieurs coups de canon.
Tout cela promettoit beaucoup ; cependant l'heure avancait, on ne par-
tait point ; chacun ne fçavait a quoi
attribuer ce retardement ; lorfque
nous nous aperçûmes que des gens
fort empreffés fe dépéchaient d'en-
-lever le tapis qui couvrait le pont
du Bucentaure. En même-temps les
Amiraux annoncerent qu'attendu un
nuage épais du coté du Sud, qui me-
nacait de gros tems, fa Sérenité ne
fortiraît point, & que la cérémonie
feroit pour le Dimanche fuivant. Je
ne fûs pas content de cette nouvelle,

Ni de l'époux * manquant de cœur,
Qui redoutoit la moindre humeur

---

* Monfieur Mocenigo

[150]

De fa femme capricieufe ;
Et de lui je conclus en bref
Qu'il fe montrait un fort fot chef,
D'une République orgueilleufe.

Je ferois affez porté à croire que
cette poltronnerie couvroit un motif
plus caché, qui étoit d'arrêter plus
long-temps les étrangers, & d'enrichir d'avantage la ville. quoi qu'il en
foit, nous avions vû tout le brillant
de ce cortége fort à notre aife ; le fur-
plus de la cérémonie ne confifte qu'a
faire quelques pas de plus, pour gagner le bord de la mer & l'extremité
du canal, y jetter l'anneau, & revenir
dans le même ordre. Ainfi nous ne
regardâmes point notre matinée comme perdue à beaucoup près.

L'apres midi était deftinée à une
autre fête ; nous nous rendîmes dans
l'ifle de Murano, diftante d'une lieue
environ de Venife. Elle eft fort peuplée par les ouvriers qui travaillent
à fouffler les glaces & les verreries. La
rue principale de cette ifle eft un
canal beau, large, & fort droit, où
eft indiqué le jour de l'Afcenfion,
le rendez-vous de toutes les gondoles

& Péotes, pour y former une course.
Les fenêtres ornées de coussins & de
tapis de velours, font garnies de spectateurs ; des chaises louées fur les
bords du canal augmentent encore
le nombre des curieux; c'est à peu près
ce que nous appellons au bois de
Boulogne , la promenade de long
Champ. Le spectacle fut absolument
du neuf pour nous ; & trois heures se
passèrent fans nous en apercevoir.
Imagine , mon cher , une escadre de
batteaux dont le nombre ne se peut
compter , qui volant avec une vitesse
extrême , s'entrelacent les uns dans
les autres , fans jamais se briser , &
font des évolutions des plus rapides.

Sous leur poids Thétis opprimée
Gémit, fans montrer de courroux ;
La rame avec force imprimée
A maint Triton porte de rudes coups :
Au fond de leurs grottes humides
On voit s'enfuir les Neréides
Qu'effrayent ces terribles jeux :
Huit rameurs grands & vigoureux
Portant jaquette galonnée
Et bonnet uniformément,
Sur chacune Péote , ornée

G iv

En taffetas feſtonné galamment ;
Diſputent de force & d'adreſſe.
Leur corps ſans ceſſe hors d'aplomb
En avant preſſe l'aviron,
Et ſe releve avec juſteſſe :
Partir, voler, & diſparaître aux yeux,
C'eſt l'affaire d'une ſeconde :
Le foudre ſuſpendu qui ſur nos têtes gronde,
Plus promptement n'enflâme point les Cieux.
Bien-tôt à ſon tour entre en lice
La gondole plus humble avec ſes deux ra-
meurs,
Longue & legére, aiſément elle gliſe
Sans redouter la barque aux brillantes cou-
leurs.
L'écho fidèle au loin répéte
Du clairon les accens aigus,
La populace ſatisfaite
Sur la rive invoque Bachus.
Partout les fenêtres remplies
De femmes plus ou moins jolies
(Toutes ayant conſulté le miroir)
Préſentent une perſpective
Que notre prunelle attentive
Ne ſe laſſe jamais de voir.
Mais ſi tôt que l'ombre du ſoir
Obſcurcit la voûte azurée,
Toute la flotte ſéparée,

Pour regagner son humide manoir,
'Au large se répand sur un canal immense ;
   Et sillonnant en mille endroits les eaux
   Offre aux yeux différens tableaux,
   Qui tous ont leur magnificence.

Nous n'avions point attendu la fin de la course pour quitter Murano, & nous étions venus nous poster sur un des ponts de la ville servant d'entrée de ce côté. De là nous eûmes l'avantage de dominer sur toute cette armée navale, & de lui voir enfiler les canaux les plus étroits avec une précision & une justesse sans égale. Les Ambassadeurs qui n'ont point fait leur entrée n'assistent à ces sortes de fêtes que dans une gondole portant la livrée générale du noir, & non en Péote dorée.

Ce même jour, le Doge donne aux nobles & aux Ambassadeurs un magnifique repas, dont nous avons vû les préparatifs & admiré les desserts, ou le verre artistement coulé prend la forme de Palais, de jardins, architectures, animaux, fleurs, figures, en un mot toutes les formes possibles, dans d'exactes proportions, ce qui donne

G v

un spectacle des plus brillants aux lumières. La veille sa Sérenité assiste aux Vêpres dans l'Eglise saint Marc, nous nous étions placés sur son passage pour le considérer de plus près, il était accompagné des Sénateurs, dont l'habillement est de damas cramoisi à fleurs, l'épaule gauche couverte d'un morceau de velours de même couleur aussi à fleurs ; précedé de quatre trompettes qui ne disoient mot, de huit drapeaux : & l'on portait derriere lui un parasol très grand, très lourd, très doré, assez semblable à ceux des Chinois. Sa Sérenité étoit vétue d'une robbe d'étoffe d'argent a fleurs dor, a manches longues comme celles de nos Cordeliers, & ceinte avec une bande d'étoffe d'or. Sur cette robbe étoit un manteau de même étoffe avec boutons dor, sur ce manteau une espece de rochet de poil d'hermine avec deux rangs de queues, l'un au bord, l'autre vers le milieu. Son chef étoit affublé du bonnet (dit *corna* parce qu'il ressemble un peu à une corne) de même étoffe que la robbe, & bordé par le bas d'un galon d'or ; & dessous, étoit le béguin de

mouſſeline ou baptiſte, dont les ba-
joues allongées en pointes arrondies,
reſtent flottantes.

Ce détail eſt minutieux, mais je
l'ai riſqué pour te mettre plus au fait
de l'accoutrement de cet homme puiſſant, ſans pouvoir réel. Tu ſerais
plus flatté de connaître les beautés
des Egliſes de cette ville ſçavante,
mais comment pourroisje-te ſatisfaire,
moi qui crains de faire des volumes ?
Il n'y à point de Temple qui n'ait des
beautés particulieres, ſoit par le goût
de l'Architecture, ſoit par la beauté
des marbres, ſoit enfin par les dorures, & par les chefs d'œuvres de
peinture ; celles qui attirent le plus
volontiers les curieux, ſont, ſaint
George majeur, & pour l'habileté du
Palladio, & pour le tableau des nóces
de Cana, par Paul Veroneze. *Maria
d'Ella Salute ; Carmini Scalzi ;* les
Jéſuites, pour des beautés diverſes.
Le Titien ſe fait admirer dans la
Scuola d'Ell'a Carita, à *Sanſalvadore* &
le Tintoret dans la *Scuola di ſan Ro-
cho.* &c. &c. &c.

Quant à l'Egliſe Ducale de ſaint
Marc batie dans le goût Grec, elle

manque de clarté & n'a pour elle que des placages de marbres rares, un tabernacle orné de lames d'or & de bas reliefs encadrés dans des niches de pierres les plus prétieuses ; un Autel du saint Sacrement soutenu sur quatre colonnes d'albatre diaphane, & une mosaique très ancienne dont les figures ne m'ont pas paru faire d'effet à l'œil , à cause de son fond doré: Cinq dômes couverts de plomb, surmontés de croix Greques dorées couronnent cet édifice avec plus de confusion que de goût. Quatre chevaux de bronze antiques placés sur le devant du portail , forment une décoration singuliére, qui n'a rien d'analogue à un Temple ; ils ont été aportés de Constantinople. Je ne parlerai point du Trésor de cette Eglise , qui renferme, comme bien d'autres , des bijoux de prix , & des reliques pour ceux qui ont de la foi de reste. En voila assez sur ces objets. J'aime mieux te parler de la bonne musique que j'ai entendue dans des Hopitaux de filles qui excutent sur toutes sortes d'instrumens, des saluts où l'on ne songe guères à se sauver. Ces filles orphelines, ou batardes, recoivent une éducation complette qui les met pour l'ordinaire à portée de s'établir avantageufement.

Venife a plufieurs falles d'Opéra qui ne le difputent point à d'autres des villes voifines, nous avons affifté à une repréfentation qui n'était point excellente, du moins quant à la mufique, car pour le poëme, c'étoit pour nous de l'hébreu, fi tu veux, n'étant pas affez au fait du jargon Vénitien & autres. On vient en mafque à l'O-péra comme ailleurs dans ces jours de fêtes, dont je t'ai parlé, ci-devant. Paraître autrement, feroit annoncer que l'on n'eft pas en état de fe donner l'habillement du jour. Il n'y a pas jufqu'aux prêtreffes de Vénus qui ne portent l'uniforme; il eft vrai qu'el-les fçavent en tirer parti, auffi bien que les honnêtes dames. Elles fai-fiffent par le bras les cavaliers fur lefquels elles ont jetté leurs plombs, les menent au caffé & de là chez-elles. Le plus difficile eft de les forcer à lever leur mafque, le plus fouvent ce n'eft pas fans une raifon plufque vallable.

'A ſes prêtreſſes de Cythére
Vénus n'accorde pas toujours
De ces minois certains de plaire ;
Et qu'embelliſſent les amours.
Le fard, la cinique impudence,
Seuls brillent ſur leur teins flétris ;
Et ſans ce rude coloris,
Simbole de leur indécence,
Leurs yeux éteints par les plaiſirs
N'inſpireroient aucun deſirs.

Les Adonis un peu fins n'y ſont point attrappés & ne ſont aucune dépenſe pour elles au caffé, avant qu'elles ſe ſoient démaſquées. Lorſque l'on eſt a portée d'aprécier leurs graces, on ſe décide, ou a les traiter galamment, ou à les congédier avec ignominie. Si dans les autres temps de l'année elles n'ont permiſſion de paraître dans les rues que ſur les vingt-quatre heures, c'eſt-à-dire au Soleil couché, cela ne les gêne en aucune façon chez-elles, où tout particulier, même les Prêtres peuvent entrer ſans cauſer aucun ſcandale. Tu ſçais qu'à Veniſe la liberté, ou pour mieux dire, la licence eſt ſi grande, que tout eſt permis, excepté ce qui pourroit avoir relation aux affaires du Gouvernement. Aussi est-il très ordinaire en traversant les rues de voir de ces nimphes dans leur appartement à rez-de-chauffée , faire leur toilette , la porte ouverte , &

Dans l'état de pure nature,
Montrer au jour certains appas ;
Auxquels on ne résiste pas
Lorsqu'on est enclin à luxure.

Si Paris abonde en citoyennes de cette espéce complaisante , Venise peut le lui disputer, ainsi tu vois que les ressources sont, à peu près partout les mêmes.

De chez Vénus je vais te conduire chez Mars : le Palais de ce Dieu de sang , est d'une étendue immense. Une matinée entiére nous a suffi a peine, pour observer la quantité d'approvisionnemens en tout genre, la grandeur des chantiers de construction, la longueur des corderies, la Fabrique des cables , le nombre des ouvriéres employées aux voiles, la Manufacture des ancres , & l'ordre général qui régne dans ce magnifique Arcenal. J'ai vu plufieurs Batimens confidérables commencés , & portés à différens degrés de perfection : j'ai monté dedans & j'ai été à portée de me former une idée jufte des proportions & de la grandeur de ces maffes énormes , fi compliquées , fi longues à conftruire , & qui dans la mer ne paraiffent que d'une groffeur médiocre.

La Sinagogue des Juifs nous a fourni un fpectacle d'un autre genre. Le Baroque de leurs intonations, la fingularité de leurs grimaces en chantant l'Hébreu, & leur accoutrement grotefque , met les fpectateurs étrangers dans l'impoffibilité prefque phifique, de conferver le maintien férieux qu'éxige un Temple.

Je ne finirois point fi je voulois entreprendre le détail des tableaux , exquis dont les Palais font remplis , les Tintoret , les Baffan , les Palma, les Tiepolo , les Giordan , le Titien , & furtout le Paul Véroneze femblent s'être ligués dans cette Ville pour y garroter les étrangers dont les yeux font ouverts à la lumière des beaux arts. Malgré les curiofités fans nombre dont Venife abonde ; malgré fon fameux pont de Rialto qui a une rue, deux trottoirs , & deux rangs de boutiques ; malgré la legéreté de fes dix milles autres petits ponts ; malgré la mélodié des roflignols encagés , qui nous en dormoit & nous réveil- loit régulierement ; malgré mille au- tres chofes agréables : nous avons quitté avec plaifir , je te l'avoue , cette fuperbe Ville qui n'eft point faite pour des gens accoutumés au tumulte , & à jouir de ces beaux tapis que nous offre la terre ferme cultivée, & de ces ombrages délicieux que nous goûtons fous nos ormeaux. Il femble que là foit l'empire de la trif- teffe : furtout fi l'on remarque ce nombre infini de mafcarons de mar- bre, dont la gueule eft fans ceffe ou- verte, pour recevoir les dénonciations contre les Citoyens qui , du moment à l'autre , peuvent être traduits à ce Confeil redoutable des dix , dont les Arrêts font toujours fans appel : & leur execution fouvent ignorée.

Un petit bateau découvert nous a portés au port de Suzine , abonda- ment mouillés par l'eau de la pluie , & un peu furpris de l'épreuve du roulis de mer qui fe fait fentir dans les lagunes. Un carroffin nous a promis de nous rendre à Padoue, après nous avoir conduits aux différens Palais des Nobles Vénitiens, fitués fur le bord de la Brinta, que nous défire-rions voir.

La maifon Pifani a été le premier point de repos pour nos Chevaux, & de marche pour nous. Je pourrois te dire que c'eft un petit Verfailles. L'Architecture, la Peinture fe dif-putent l'avantage d'embellir ce lieu. Les Buftes, les Statues, l'ameuble-ment, tout y eft exquis. Les jardins vaftes, & variés de cent façons ; les Orangers, Citronniers, Lauriers & autres Arbres de cette nature, croif-fant en pleine terre, y forment des berceaux voluptueux. La porte d'en-trée eft couronnée d'une Baluftrade & terraffe : deux efcaliers délicate-ment exécutés en noyau, y condui-fent, & les marches ne fe foutiennent que par la dureté de la pierre, dont une extrêmité forme elle-même le noyau au centre.

Le corps de ce magnifique Bâti-ment eft tout en l'air, & foutenu de

colonnes qui font un percé enchanteur. Le falon principal eft rond, tout
peint de relief, avec une baluftrade
régnante & des grilles merveilleufe-
ment ouvragées. Une autre piéce eft
meublée entierement à la façon Ot-
tomane, & donne une idée neuve
d'ameublement. D'autres curiofités
fans nombre y fixent les yeux & de-
manderoient un trop ample détail.
L'on n'a pas manqué de nous mener
à un petit Belveder galant, environné
d'un Labyrinthe dont les ambages
font très compliqués; la jolie Nimphe
potagére, qui étoit notre conduc-
trice, fe faifoit un plaifir de mettre
notre prudence en deffaut, dans ces
détours, où il n'eut point été fi malheureux pour nous de rendre la pareille à fa vertu. Ce Palais eft le plus
confidérable de tous ceux qui l'a-
voifinent; le tems ne nous a permis
d'en voir un fecond, qu'à la hâte;
mais nous n'avions pas de fi grandes
beautés à y détailler, quoiqu'il n'en
manquat pas.

C'eft dans ces royales demeures
Que l'opulent Vénitien

Par fois libre de tout lien
Fait couler d'agréables heures,
Et se délasse avec Iris
Du poids de la magistrature.
Sous ces nobles lambris,
Sous ces arcs de verdure,
Cupidon déride le front
De ce Juge au regard farouche
Dont la silentieuse bouche
Se voue au mistère profond :
Et là, tout ainsi qu'à Lutece,
Le paillard Sénateur
Sacrifie à l'œil séducteur
De sa complaisante Lucréce.
Souvent par la honteuse yvresse
Son cœur débilité
Fait le procès à l'équité,
Et l'innocent dépend d'une maîtresse.

Moitié versant, moitié cheminant à pied dans la crotte, nous avons regagné Padoue que nous avons quitté le lendemain de grand matin pour nous rendre à Rovigo où nous ne sommes arrivés que le soir, après avoir rafraichi à Mont-Félice, passé l'Adige, & éprouvé de petits accidens dans les chemins gâtés par la pluie continuelle.

La journée suivante notre chaise a roulé sur les terres Papales, mais la foi nous manquant aparemment, nous y marchions comme le grand Saint Pierre faisoit sur les eaux de la mer, c'est-à-dire que nous enfoncions de bonne maniere. Enfin après neuf heures de route, le canal Bianco & le grand fleuve du Pô, traversés, nous sommes entrés dans la jolie Ville de Ferrare.

Cette Ville a selon moi beaucoup d'agrémens; ses rues larges & alignées, ses maisons peu élevées & bâties proprement, plusieurs Palais de marbre, de belles Places environnées de fortes bornes liées l'une à l'autre avec de grosses chaînes de fer en guirlandes qui font un bel effet, beaucoup de Jardins, tout y est fait pour plaire, & surtout,

> Ce certain oiseau dont Bocace
> Nous dit, de galante façon,
> Qu'une espéce de moinichon
> Tout en feu, voulait faire chasse ;

Et bongré , malgré fon papa;
Conduire paitre , *& cetera.*

L'air peu falubre , & le manque de commerce font, à ce que l'on dit, les caufes du petit nombre de fes habitans. La gaité ne paroit pas regner parmi le peuple, les dehors n'annoncent que trop la gêne où le retient le maître de ce territoire ; & le nom de Dieu écrit fur prefque toutes les portes, m'a femblé un abus condamnable. La forterefle eft une chofe curieufe à voir, par la régularité de fes ouvrages, & la beauté des bâtimens; la ftatue du Pape Paul V. qui l'a bâtie, eft au milieu. Les Peintres trouveront dans l'Eglife Cathédrale bâtie en croix Greque un tableau du Guerchin , repréfentant le martire de Saint Laurent. Les amateurs des belles Lettres iront de leur côté chez les Bénédictins voir le bufte & le tombeau du célébre Ariofte. Si tout eft joli à Ferrare, nos reins on jugé que tout n'étoit pas bon, furtout les matelats, nous nous fommes cependant endormis au chant de ces roffignols marécageux ,

Dont le petit , mais vigoureux Thorax
Pouſſait ſans fin ſes brékeké koax koax.

Leur mélodie d'une autre eſpéce
que celle de Veniſe , ne nous a pas
réveillé ſi délicieuſement. Nous avons
quitté avec empreſſement ces croaſ-
ſeuſes , & nous avons abandonné
cette Ville dont je ne parle qu'avec
plaiſir.

Le tems étoit devenu plus beau,
les chemins plus ſecs, les campagnes plus riches , les arbres , les vignes & les grains , ſe diſputoient le
ſol ; nous routâmes avec ſatisfaction, accompagnés de troupeaux , ou
les brebis , quoique femelles , avoient
l'avantage de porter coëffure cornue.
Nous vîmes ſan Carolo , Malcapa ,
& nous arrivâmes leſtement dans
Bologne.

Bologne mérite les récits avanta-
geux qu'en ont fait les voyageurs.
Elle a douze portes & cinq mille de
tour, à ce que l'on dit. L'on y comptes quatre vingt mille ames , ce qui
eſt peu relativement à ſa grandeur.
La circonſtance d'un Opéra nouveau
nous a mis a portée de la voir mieux

peuplée & très vîvante , par l'affluence des étrangers curieux de fpec-
tacles : la falle deftinée à ces repréfentations , contribuoit à en augmenter le nombre , par la beauté de fa
conftruction récente. Elle m'a fait
tant de plaifir que je veux tacher
d'en faire paffer une portion jufqu'à
toi , par une defcription un peu détaillée.

Sa forme, ainfi que celle des autres
falles d'Italie, eft ovale , c'eft-à-dire
reffemble à un œuf dont la pointe fe
trouve coupée par l'orcheftre & le
profcenium ; en obfervant que le
profcenium étant d'une plus grande
largeur que l'œuf, à l'endroit où il
y a fection , cela forme deux recoins
ou angles , ornés chacun d'une loge
à balcon bombé faillant, dont la forme facilite à ceux qui y font placés
un peu de vue fur le Théâtre. Ces
deux loges font furmontées d'une
ftatue élégante , avec niche, pied. &c.
Le corps de la falle contient cinq
rangs de loges, dont le plus élevé
fe termine en naiffance de voute
joignant au plafond. Les cloifons qui
féparent ces loges font toutes tirées

au

au point de vue ; c'eſt-à-dire au milieu
du Théatre : uſage qui ne prendra
jamais en France , parce qu'il eſt trop
défavorable aux jolies femmes , dont
les grâces ne pourraient être aperçues
facilement par les lorgneurs.

A quoi peut ſervir en effet
La toillette la plus ſçavante ,
Le ſavon, la pâte , le lait ,
La pommade rafraichiſſante ,
Cette aſſaſſine au coin de l'œil ,
Qui d'un Duc doit être l'écueil ;
Ce blanc dont le ſecours propice
Sçait ſi bien donner la fraicheur
A cette peau , dont la couleur
Le diſputait au pain d'Epice ?
A quoi bon tout l'art du pinceau
Pour tracer maint & maint vaiſſeau
Sur une gorge frelattée :
Et tant de miſteres ſecrets
Dont la recette eſt à grands frais ,
Chez le cher Dulac achetée ?
Si l'on ne peut à l'Opéra
Faire valoir ſa marchandiſe ;
Piquer de dépit Cydaliſe ,
Qui dans l'inſtant décampera ;

Tome I.   H

'Attirer fur foi les lunettes ;
Se faire conter des fornettes,
Et brûler cent adorateurs
Qui fçavent payer les faveurs.

Le devant de chaque loge eſt un balcon à Baluſtres , tantôt uni , & tantôt bombé alternativement. Une Baluſtrade pareille régnante autour du parterre , & élevée d'une marche , contient des banquettes adoſſées au devant des premiéres loges. Figure-toi maintenant , Mon cher , le tout peint en blanc rehauſſé d'or , & orné de pilaſtres de couleur de marbre gris de lin tendre ; ajoute un vaſte Théatre fermé par une toile , fur laquelle eſt peint le complément de tout l'ovale , avec loges correſpondantes aux véritables & pour la couleur & pour la forme ; & tu auras le tableau de cette falle charmante. Le nombre des décorations , les Ballets bien exécutés , l'orcheſtre digne du pays , & des voix fupérieures à celles que nous avions entendues juſqu'à lors , nous ont fait paraître les fix heures de temps confacrées à ce fpectacle , moins longues que nous n'avions compté. La face extérieure du Batiment s'annonce par une gallerie ou périſtile compoſée de vingt-cinq colonnes qui donnent une grande idée de l'intérieur. Je n'ai pû ſçavoir pourquoi ceux qui diſtribuent les billets , & qui ouvrent les loges, ſont maſqués.

Le nombre des Palais eſt ſi grand, & les richeſſes pour ce qui concerne les Arts, y ſont ſi accumulées , que je n'oſerois pas en entreprendre le dé-tail. Combien y avons-nous paſſé de momens délicieux dans l'admiration de ces toiles, ſi ſçavamment animées par les Caraches, les Tintoret, les Guerchin , les Michel-Ange , les Correge , les Calabrèſe, les Salvator-Roſe , les Pouſſin , & par ce Guide ſi ſéduiſant ! Les Palais Zampierri , Aldrovandi, Raunzzi, Zambenazi, ſont les plus remarquables.

Le Palais Aldorvandi, outre beau-coup de ces Chefs-d'œuvres , con-tient une gallerie remarquable, par un nombre conſidérable de Buſtes antiques de marbres précieux, tous placés dans des niches ovales, pra-tiquées avec ſimêtrie dans l'épaiſ-ſeur même des murailles, & bordées

H ij

de marbres de couleurs différentes: On ne voit pas beaucoup de tapisseries de cette espéce. Si le Palais Caprara n'est pas riche en tableaux, il renferme d'autres curiosités, telles que des Trophées-d'Armes prises sur les Turcs, par le Général Caprara, au siége de Vienne, le collier d'Ordre d'un Visir, la vaisselle d'armée du Prince Tékeli, des pierres précieuses, des bronses, une épée enrichie de diamans donnée par l'Empereur Léopold audit Caprara, un Vase d'yvoire sçavamment travaillé & portant cinq pouces & demi environ de diamêtre : & un nombre considérable d'autres raretés, dont je me dispenserai d'écrire le catalogue.

Par les richesses du dedans, tu dois mon cher naturellement supposer l'Ornement du déhors ; cependant quoique tous ces édifices se présentent avantageusement, ils n'anoncent rien de magnifique, parce que les Architectes ont été génés par les portiques & arcades qui bordent les rues & servent à la commodité publique, pour garantir les piétons des injures de l'air & de la pluye. Une chofe que j'ai obfervée dans quelques-uns de ces Palais, c'eft l'efcalier, dont le fond fupérieur eft percé d'un ovale à jour, environné d'une Baluftrade, & laiffe voir un plafond fur un autre plancher encore plus élevé; chacun imagine des façons nouvelles de décorations, & le voyageur a l'avantage de fe les approprier toutes, fans qu'il lui en coûte abfolument beaucoup. Le Blazon eft à ce qu'il paroit en grande recommandation parmi la Nobleffe, l'orgueil de tous ces Seigneurs m'a très fort choqué, par les dangers qu'il peut faire naître, & je n'ai pu voir fans chagrin, fous l'entrée de tous ces Palais.

Un nombre étonnant d'écuffons
Tous écartelés d'armoiries,
Mais qui de leurs planches pourries
Tenant en l'air à de foibles crampons,
Peuvent très-bien fendre la tête,
Caffer un bras, brifer les os,
Au curieux qui fe fait fête
D'examiner les précieux tableaux
Et les marbres, & la richeffe.
On n'entre partout qu'en tremblant;

H iij

Car il feroit fort déplaifant ,
(Tel refpect que pour la nobleffe
Un vilain s'efforce d'avoir)
De perdre en un inftant la vie,
Et defcendre au fombre manoir
Sous un fardeau de généalogie.

Nous n'avons pas moins donné de temps aux Eglifes qu'aux Palais , & nos yeux n'y ont pas été moins enchantés : ce précieux Guide n'y triomphe pas moins, ainfi que plufieurs autres confreres , tels que les Thiarini, Franceschini, le Calvare , Lalgardi , & autres , & l'Expreffif Dominiquain qui retient le fpectateur malgré lui dans l'Eglife de Sainte-Agnès , pour peu qu'il fixe fa vue fur le Martyre de cette Sainte , fi Supérieurement peint par ce grand homme.

On ne doit point négliger d'aller voir la Madonna di fan Luca , dont l'Habitation très-fréquentée , eft fituée à trois ou quatre milles de Bologne , au haut d'une Montagne. C'eft la grande Protectrice du pays, auffi lui offre-t-on des vœux fans nombre. 700 Arcades ont été conftruites la plupart aux dépens des Citoyens, cotisés volontairement. Ce chemin devient une espéce de promenade curieuse.

Tu as entendu parler de l'Institut de Bologne, comme d'un réceptacle fameux de curiosités en tous genres relatifs aux Sciences. Effectivement on y a rassemblé tout ce qui peut procurer l'instruction des éleves. Histoire naturelle, Chimie, Mathématiques, Marine, Fortifications, Médailles, Monnoies & poids antiques, Vases, Lampes, Lacrimaires, Papier Egiptien, belles mummies, Anatomie en cire coloriée, représentant toutes les positions du fœtus dans la matrice, matrice factice pour mieux apprendre à opérer, femme en posture d'être accouchée, instrumens d'acier relatifs à cette opération (toutes choses qu'il me semble n'avoir point trouvées au jardin Royal des Plantes de Paris) desseins, modêles d'Architecture, & en^e nombreuse Bibliotheque dans la S de laquelle nous avons admiré portrait du Pape Benoit XIV, si

H iv

bien exécuté en mofaique, qu'il fait illufion. La pierre dite de Bologne, ce phofphore factice fi parfait, n'eft pas une des moindres curiofités.

Cette Ville 'eft en général affez bien alignée, fes rues font pour la plupart bordées d'arcades, comme dans bien d'autres Villes d'Italie. Plufieurs de fes Places font décorées, mais la Fontaine de la grande Place eft le morceau le plus curieux. L'Auge de marbre eft d'une grandeur finguliere, la figure principale eft un neptune en bronze, toujours arrofé d'eau par des mafques d'enfans qui jettent fur fa tête; aux quatre coins font quatre figures de bronze, repréfentant des fyrênes à demi couchées voluptueufement, preffant leurs mamelles d'où l'eau fort en filets déliés en guife de lait, ces figures font fi expreffives que l'on oublie que le bronze en eft la matiere; le tout eft environné d'une grille de fer fur laquelle font appuyées en dehors quatre petites Fontaines & auges où le peuple va puifer pour fes befoins.

La mode dans ce pays eft d'annoncer fa nobleffe & fa puiffance par des tours quarrées de brique, plus ou moins élevées. La tour dite Gavifen-da, quoique haute, n'a rien de re-marquable que fon inclinaifon qui eft effrayante. Tout à côté eft une tour dite Afinelli, beaucoup plus mince, & plus haute du double, où nous avons compté 460 marches. On eft bien dédommagé de la peine que l'on a prife de grimper fi haut, lorfque l'on découvre le riche pays fur lequel l'œil plonge de tous côtés fans nul obftacle.

Notre Ciceroni, ou Valet de Pla-ce, homme capable, nous a affuré que l'on ne connoiffoit point dans Bologne de ces filles qui vont au devant de la débauche, & la raifon que nous n'aurions pas devinée de premier abord, c'eft que,

> Par principe de charité
> Dans le cœur femelle incrufté,
> Le beau fexe de cette Ville
> Compâtit tant aux fouffreteux,
> Qu'entre elles, c'eft à qui mieux mieux
> Suivra les loix de l'Evangile,

H v

Et soulagera son prochain:
Par quoi tout va son petit train.
Serait-ce pas commode affaire,
Qu'ainsi, partout, on voulut faire ?

Nous n'avons pas séjourné assez longtems dans cette cité commode, pour nous ressentir des effets de cette compassion qui sans doute ne doit pas se borner simplement aux compatriotes, & nous avons quitté Bologne, non sans avoir fait provision de sa mortadelle renommée, & sur tout de ce certain rataffiat d'anis, si restaurant. Avec de tels réconforts, nous ne pouvions manquer de voyager gaiement; nous avons gagné les petites Villes d'Imola & Faënza, qui nous raprochoient insensiblement de la mer; mais avant que de faire notre entrée dans la derniere, nous eûmes occasion d'éprouver les bons effets du *Bolonia*. Une compagnie de gens à mine sinistre parut de loin nous attendre de dessein prémédité, le fusil qui chargeoit leur épaule, & le pistolet qui tenoit à leur ceinture, ne servoient qu'à noircir nos idées. Cependant nous composâmes nos vi-

fages, je mis en état un petit coup-
de-poing, ou piftolet de poche, que je
portois prudemment toujours à mes
côtés. Sitôt que nous fûmes arrivés
vis-à-vis ces Meffieurs, un d'entre
eux fe détache pour nous aborder ;
ce fut là le moment critique ; mais
il ne tira pas beaucoup à conféquence.

On en fut quitte pour la tranfe :
Notre homme, chapeau à la main,
Après une humble révérence,
Mais fentant toujours fon coquin,
Nous donne de la Seigneurie,
Et demande la Courtoifie ;
Difant que des fripons il purge le chemin.
Courtoifie au pays Latin
Eft ce qu'en France on nomme le pour boire :
(Mot en tout pays fort notoire.)

Tu penfes bien que nous ne nous
fîmes pas tirer l'oreille, & que nous
aimâmes mieux nous défaifir d'un
Paule, * en faveur de ces honnêtes
gens, que de mettre leur probité
trop à l'épreuve. Dans le vrai ces gens
étoient des Sbyrres, faifant la pa-

* Piece de Monnoie.

trouille, comme chez nous la Maré-
chauffée, mais leur accoutrement &
leur mine n'avoient rien qui pût
infpirer la confiance.

Le lendemain, Forly & Céféna
nous ont reçu dans leurs murs. De
cette derniere nous avons pu voir la
mer. Je n'ai rien à détailler dans
ces deux Villes qui font affez jolies,
je te dirai feulement que dans Céféna
nous avons trouvé que les Demoi-
felles étoient fi femillantes, & levées
de fi grand matin qu'elles empêchent
par leurs fauts les Etrangers de fe
repofer.

> Ces Demoifelles fi fringantes
> Qui m'ont privé des doux pavôts,
> N'ont ni peau, ni chair fur les os,
> Et n'en font pas moins tapageantes :
> Sur un pied on les voit fauter :
> Du fer préferve leur chauffure :
> Et pour t'achever la peinture,
> On les voit toujours fe jetter
> Sans jamais gâter leur coëffure,
> Entre les bras d'un gros lourdaut
> Qui, du genouil, aide leur faut.

Je te laiffe ce miftère à deviner.
En attendant je vais à Rimini. Dans

cet endroit nous avons vû des reſtes encore aſſez entiers d'ouvrages Romains, Arc de triomphe, Amphitéâtre, Pont de marbre ; nous en eûmes l'obligation à un honnête Prêtre Confeſſeur *di Moniche*, lequel a eu la complaiſance de quitter ſon aſſemblée de nouvelliſtes où il aſſiſtoit chez un *Speziale*, * (car c'eſt chez ces Meſſieurs qu'eſt ordinairement l'arbre de Cracovie,) & de nous conduire partout. Dieu lui envoye en récompenſe un bénéfice à gros revenu & à peu de beſogne ! C'eſt dans cette Ville que l'on a voulu nous accoutumer à faire notre deſſert de féves de marais crues dans leurs gouſſes, & de fenouil auſſi crud avec ſa racine. Ils le mangent comme le célery, & cela eſt ſupportable.

Catholica nous a fourni d'aſſez bon vin, du poiſſon excellent & un beau point de vue ſur la mer, que nous avions ſi bien cotoyé en y arrivant que nos chevaux y mouilloient le pied : juge du plaiſir que nous prenions à voir,

---

* Apoticaire.

De l'onde les flots mugissans:
Malgré leur fureur, leur tapage;
Aux loix d'en haut obéissans,
Se briser le long du rivage.
Du Soleil les rais lumineux
Suivant les angles d'incidence
Que le hazard entr'eux dispense,
Offraient plus, ou moins à nos yeux
Des éclats de vive lumiere
Qui fatiguaient notre paupiere:
De long cordons de diamans
Semblaient courrir sur la plaine liquide,
Et sans doute j'ai vû plus d'une Néréide
En composer ses ornemens.

Si tu ne veux pas croire aux Nimphes, je te permets aussi d'en rabatre beaucoup sur la fureur des Ondes, car, pour parler vrai, la mer étoit fort calme, & ce n'est que sur la vive arrête des lames tranquilles que le Soleil opérait les brillans effets que je viens de décrire. Nous avons remarqué dans plusieurs endroits, que les planchers des chambres ne sont composés que de chevrons de bois de Pin, à peu-près de trois pouces en quarré, sur lesquels sont posées à cru des briques, les unes à côté des

autres, fans être recouvertes d'aucun
enduit, & cependant le tout nous à
paru très folide.

Pézaro, Fano, & Sinigalia, ont
rempli notre journée du lendemain.
Toutes ces Villes font agréables.
Dans la feconde on trouve une petite riviére qui tombe avec fracas
fur un talus très roide & fait de main
d'homme, paffe fous un pont avec
une véhémence extrême & forme un
petit port, ou Canal, avant de re-
joindre la mer. Dans la derniere
nous nous fommes occupés à con-
fidérer plufieurs Batimens neufs, ou
commencés, tous de très-bon goûts,
un port fort joli, des rues bien
alignées, des caroffes bourgeois rou-
lants, des promenades gayes & plufieurs minois fripons qui ne feroient
point déplacés à Paris. Ce jour remarquable par la Solemnité de la
Pentecôte, le fût auffi par la chaleur
que nous éprouvâmes réellement pour
la premiére fois, depuis le temps que
nous parcourions ce pays, ou on l'a
dit fi grande. Les Roffignols vou-
lurent bien fe charger de nous en
dormir voluptueufement.

Ancône que nous vifitâmes le lendemain, n'eft pas un endroit indif-
férent. Sa pofition en Amphitéâtre
fur le bord de la Mer eft remarquble,
fon Port qui doit plus à la nature
qu'à l'art, ne femble pas affés def-
fendu contre l'ire des flôts. Un La-
zaret de forme Pentagone, dont la
bâtiffe eft prefque neuve, & fitué
en mer, mérite d'être examiné. Une
Chapelle de même forme eft placée
au centre, & chaqu'une des faces n'é-
tant fermée qu'avec des vitraux, le
Saint Sacrifice de la Meffe peut-être
entendu, & le Célébrant peut-être
facilement vu, par tous les inclûs
dans cet Hôpital.

La plus riche Eglife de cette Ville,
eft celle des foi difants Jéfuites,
cela n'a point eu lieu de nous furprendre, y étant accoutûmés. Dans
une Eglife de Saint Cyriaque, eft
une Chapelle de la Madone, fort
enrichie de marbres rares ; mais elle
a été bientôt effacée dans notre fouvenir, par la Madone des Madones,
dont je te parlerai dans peu, & de
chez laquelle revenoient de nom-
breufes Proceffions de Pénitens, que

nous rencontrâmes dans la Ville, armés de flambeaux & vétus de leurs habits de maſque. Ancône poſſede deux Arcs de Triomphe, l'un moderne & bâti en pierre ; l'autre antique, bâti en marbre par les Romains, & encore entier, quoique rongé par le vorâce Saturne. On y voit auſſi une Fontaine publique, compoſée de treize Arcades enfoncées ſur une même ligne, chacune ornée d'un maſcaron, jettant l'eau dans une auge de toute cette longueur, ce morceau forme une belle décoration.

Vers la fin du jour, en regagnant notre hoſpice, nous fûmes frappés d'un Phénomène ſingulier. L'air, les hayes, les prairies, les chemins, tout nous parût en feu. Si nous euſſions été faciles à épouvanter, nous aurions crû être tranſportés au ſéjour des eſprits folêts. Un peu d'attention & d'examen nous fit connaître que ce n'étoit autre choſe, que

Des milliers d'inſectes volants
A qui poſa Dame nature, ,

Une lumiere douce & sûre,
De petits fallots transparants,
En un lieu, dont le sot usage
Veut que l'on déguise le nom ;
Qu'on nomme, chez nous, gros visage ;
Comme si, cul n'étoit pas bon.

Ce sont de petites mouches, ou scarabées, portant un capuchon rouge sur le col. La lumiére qui brille à leur partie postérieure, est d'un jaune verdâtre clair, & semblable à celle de nos vers luisans, mais l'animal est tout différent.

Sur la jettée du port, où nous étions à examiner des ouvrages récemment augmentés pour la deffendre davantage des assauts de la vague, notre air curieux attira vers nous un de ces hommes obligeans, qui se ressouviennent que tous les mortels sont freres. Il nous conduisit par tout, nous peignit en détail les mœurs & les vices du pays Italien & surtout des gens portans tonsure ; cet homme dont l'extérieur n'étoit pas brillant, sçavoit trois langues, avoit dans la mémoire tout son Vol-

taire, dont il nous récitoit à propos
de longues tirades , & Philofophoit
fur toutes les matiéres. Comme il
n'avoit point la langue pareffeufe,
nous fçûmes à la fin.

> Que ce Docteur était Helvétien
> Et qu'affez loin de fa patrie,
> Après avoir perdu fon bien ,
> (Peut-être était-ce menterie)
> En ce pays par lui fi détefté,
> Où regne Dame fauffeté,
> Sauf refpect, il gagnait fa vie
> Dans le métier de peaufferie.

On ne voit partout que des gens
déplacés. Celui-ci nous avoua qu'il
gagnoit à peine fon néceffaire, parce
que fa fureur pour la lecture lui faifoit perdre beaucoup de tems. Auffi
avoit-illa prudence de garder le Cé-
libat & de ne pas expofer fa femme
& fes enfans, à ne mettre au pot, pour
toute nourriture, que des penfées
Voltériennes : il fe montra Philofophe , même à la vue de notre
bourfe & refufa les marques de re-
connoiffance que nous lui voulions
donner.

Sortis d'Ancône nous arrivâmes enfin dans ce Village ou Bourg fortuné, qui posséde ce Tréfor si connu de toutes les nations entendant Meffe. Nous n'aurions pas ofé paroître devant la grande Dame du lieu avec notre barbe de fix jours, auffi pour mieux lui faire notre Cour, nous ôsâmes

Confier nos poilus mentons
'Aux outils durs, à la main effrayante,
D'un malotru, qui fans tant de façons,
Nous a, de fa lame tranchante,
En maint endroit eftafilé la peau.
Et fait couler de fang plus d'un ruiffeau.

Nous ne lui avons pas moins fçû gré de la bonne intention, quoiqu'elle ne pût être reputée pour le fait : & nous avons dépêché notre toilette pour aller rendre nos devoirs à la Madone des Madones, qui ne nous attendoit peut-être pas, de fi loin.

L'Eglife dans laquelle, elle a fixé fa réfidence eft affez belle : les portes en font revétues de bronze, avec bafrellefs bien traités. En façe eft la ftatue auffi en bronze,

Du fameux Pâtre de pourceaux,
Qui fçut, par une adreſſe rare
Changer ſon bonnet en thiare,
En mules de velours, ſes ruſtiques ſabots :
Et devenu le ſucceſſeur de Pierre,
Se montra grand aux Princes de la terre.

Au centre de la grande Egliſe de Lorette, eſt la *Santa Caſa*, dont tu ne peux ignorer l'Hiſtoire. Tout le monde ſçait que cette maiſon précieuſe a été apportée par les Anges, qu'ils l'ont enlevée d'un lieu peu diſtant, où ils l'avoient d'abord dépoſée, mais où depuis par une plus mûre réfléxion, ils ne l'ont pas jugée aſſez dignement colloquée, ce qui a été un grand creve-cœur pour les habitans bien ſtupéfaits de l'avoir perdue en impromptu.

Comme il eſt établi de tout temps, que quand l'un perd, l'autre gagne, les Lorrétains ſe ſont réjouis de leur bonne fortune, & nont rien épargné pour fixer l'humeur volage de la Madone, & par là attirer chez-eux les gens zélés & leurs écus. Ils y ont parfaitement réuſſi, & le ſeul commerce de médailles & de chapelets, leur donne de quoi vivre , tant eſt grande l'affluence des Pellerins.

La Santa Caſa [Habitation ancienne de la Vierge] peut avoir environ trente-à-quarante pieds de long , ſur douze-à-quinze de large. Elle eſt ſéparée ſur ſa longueur en deux parties , dont l'une formant le Sanctuaire a environ ſix ou ſept pieds , & l'autre qui ſert de Nef , a le reſte. Dans cette derniere partie eſt un Autel ſur lequel on dit des Meſſes , en l'honneur de la Madone , qui à travers une grille élevée au deſſus de l'Autel , peut voir le Prêtre & la dévotion des aſſiſtans ; la Nef eſt ornée de trente-ſix lampes d'argent ſuſpendues tout au pourtour ; dans le Sanctuaire toutes les lampes ſont de Vermeil ou d'or : la plus conſidérable a été donnée par la République de Veniſe & pèze , à ce que l'on dit , ſoixante dix ſept livres, [ce qui feroit cent cinquante marcs d'or] cela me paroit un peu fort. Les murailles de cette petite maiſon , ſont, ſelon le dire des Prêtres, d'une compoſition inconnue ; quant à nous , elles nous ont paru de brique , mais ſi fort noircie par la fumée des lampes, que l'on a de la peine à en diſtinguer la matiére : le plafond eſt vouté en berceau. Les murailles du Sanctuaire ſont toutes revétues d'argent, ainſi que le prie Dieu qui, jadis ſervoit à la Vierge, & un grand tronc pôſé dans l'âtre de la Sainte cheminée. On voit ſuſpendus, tant au plafond qu'aux murailles, quantité de poupons d'argent & de vermeil & d'autres *Envoto*. Mais le plus précieux objet, c'eſt l'ajuſtement de la Madone, qui par parenthèſe, eſt repréſentée noir de viſage, ſuivant le verſet *Nigra ſum, ſed formoſa*.

Eméraude, & perles, & rubis,
Et diamans du plus grand prix
Couvrent ſon col & ſa poitrine ;
Et plus de près on examine,
Plus on eſt frappé de l'éclat
Dont brille toute ſa toilette.
Là, Notre-Dame de Lorette,
Qui dans un ſi modeſte état
Jadis vivait, n'eſt plus qu'une coquette
Que l'on accable de pompons
Et de mondains brinborions,
Que toute femme honnête avec dédain rejette.

[192]

L'on nous a fait remarquer la fenêtre par la quelle entra l'Ange Gabriel, quand il lui rendit la visite mystérieuse dont-elle ne vouloit pas se croire digne.

C'est dans le petit Sanctuaire que nous avons vû & touché la sainte écuelle de la Vierge, laquelle est de bois revêtu d'argent à l'extérieur, le dedans est resté découvert pour pouvoir être baisé par les fidèles, & appliqué sur leur crâne, ainsi que nous l'avons éprouvé dévotieusement. On y a fait toucher aussi quelques Médailles dont nous avions fait emplette pour nous & nos amis. Quant aux clochettes qui ont la vertu de conjurer les orages, lorsqu'elles sont munies du cachet authentique, je ne sçais pourquoi nous n'en avons pas fait provision, car une clochette vaut bien une Médaille.

Pour mettre en sureté & la Madona & ses Diamans & sa maison fragile par la vetusté, on a enfermé le tout dans une autre petite maison toute de marbre blanc, ornée de

beaux

beaux bas reliefs, repréfentant l'Hiftoire de la Vierge. Cette enceinte
a deux portes collatérales, ornées
de reliefs de bronze, dont quelques-
uns font ufés à force d'avoir été
baifés par les Pellerins.

Ce n'eft pas là l'endroit qui fe ref-
fent leplus de la ferveur deftruétive
du Temple, le pavé de la grande
Eglife qui fe trouve autour de la
Santa Cafa, quoique de marbre, eft
creufé en fillons d'un demi pouce de
profondeur, par le frottement du
bout des fouliers & des fabots des
vrais croyans, qui ne manquent pas
de faire trois fois, fur leurs genouils,
le tour de la Sainte maifonnette.

Outre les richeffes du Sanétuaire
& de l'habillement de la Madone,
elle a encore un magafin immenfe
de chofes précieufes, enfermées dans
une efpéce de Sacriftie, nommée avec
raifon le Tréor. On ne peut y entrer fans l'affiftance d'un Chanoine
qui en a la garde, & qui fuivant l'u-
fage, le regarde un peu comme à
lui : de fait il en a par fois fa part,
car dans les befoins urgens de la
maitreffe du lieu, ou, pour mieux

'dire, de ſes ſerviteurs , on a ſoin de convertir en eſpéces courantes quelques uns de ces bijoux inutiles.

Nous avons vu ce tréſor avec étonnement. Diamans, pierres précieuſes, criſtal de roche , vaiſſelle d'or, rochers d'émeraudes, Agathonices travaillées , tableaux de Raphael, Ornemens d'Egliſe brodés en perles, en un mot, tout ce qu'il y a de plus rare s'y trouve avec profuſion.

La Vierge a auſſi pour ſa deffenſe un magaſin d'armes ou nous ſommes entrés. Je ne te parlerai pas des armes ordinaires que l'on voit partout , mais d'une centaine de poignards de toute eſpéce, & de petits piſtolets d'un pouce & demi de long , fort curieux, qu'a donné en préſent, un R. P. Capucin , grand confeſſeur , qui a fait cette ſinguliére collection par le moyen du tribunal de la Pénitence.

La Vierge entretient quarante ſix Chanoines pour ſon culte, & pluſieurs Jéſuites deſtinés à abſoudre les péchés de toutes les différentes nations, qui viennent dépoſer à leurs pieds, le fardeau honteux de leurs iniquités.

[195]

Nous avons quitté fans regret
Ce village fi refpectable,
Où certain odeur de gouffet,
De pied fuant, ou de chofe femblable;
(Preuve authentique du chemin
Qu'a fait le zelé pellerin)
Se répand fi fort à la ronde,
Que dans ce lieu fi fréquenté,
La douce odeur de fainteté
Cede par force à cette odeur immonde.

Nos narines délicates fe font bien trouvées de notre départ, mais nos poftérieurs maltraités nous ont bientôt avertis, que nous nous engagions dans l'Apennin. Nous étions au refte dans des jours confacrés à la Pénitence, & les quatre-tems nous ordonnoient de mortifier notre chair.

Le Village de la Moncha, que nous avons traverfé, nous à offert une décoration finguliére. Les rues étoient ornées de guirlandes de fleurs, d'arcs compofés de branches d'arbres avec leurs feuilles encore fraiches, le tout arrangé avec force rubans, plufieurs groffes boules de papier de diverfes couleurs femblaient deftinées à contenir des bougies pendant la nuit ; & nombre de fioles remplies, les unes d'huile, les autres de vin, étaient probablement faites pour imiter les Topafes & les rubis ; mais comme nous fommes paffés en plein jour, nous n'avons pu jouir de la plénitude du fpectacle.

Lors que nous avons fçu que la fête étoit en l'honneur de la Madone du lieu, nous avons ceffé d'être furpris de tant d'apprêts, d'autant plus que par droit de voifinage, cette Madone doit tenir des pouvoir plus immédiats de celle de Lorette. Le mont Appennin eft prefque tout marbre, il n'y à pas jufqu'aux plus minces chaumières qui n'en foient baties, mais les pierres font fi peu jointes, que je m'eftimerois plus heureux fous une de ces cabanes de boue paitrie avec le foin. Peu s'en eft fallu à Caravalla : où nous avons paffé une nuit, que nous n'ayons crû de marbre, & les poulets, & le pain, & les matelas, mais auffi aurions nous pu croire nos dents de diamant, car elles venoient à bout de réduire le marbre en pâte ; quant à notre corps

nous n'avons pu nous diffimuler qu'il
étoit de nature bien plus foible.
comme la Providence veut bien quelquefois mêler aux peines quelques
allégemens, elle permit que nous
trouvaffions un objet capable de dif-
traire, par fa nouveauté, notre attention : c'étoit un de ces meubles
dont, fans idée de luxe, on peut difficilement fe paffer pendant la nuit.
Voyons fi je pourrai t'en donner un
croquis.

De verre étoit ce faible vafe
Qui fur neuf pouces de hauteur,
N'en avait que trois de largeur.
Une auffi peu folide bafe,
L'eut mis fréquemment en danger ;
Mais afin de le protéger
Et d'éviter toute fracture,
Un jonc contourné dextrement
Au tour forme une couverture,
Qui ferme, fans être trop dure,
Le garantit d'événement.
De ce bijou l'auteur habile,
A fait, avec le jonc docile,
Un couvercle bien adapté
Que l'on régit à volonté,
Et qu'on éleve, ou qu'on abaiffe

'Avec un double fufpenfoir.
Telle une Nonette profeffe,
Pour paffer un fombre dortoir,
De papier tient une lanterne
Que fa graffette main gouverne :
Un ruban verd, ou jaune, ou bleu,
Sufpend un carton au milieu
Pour garantir de la brûlure
De la nonain les doigts mignons.
Ce meuble frêle & fans façons
A prefque la même figure
Que notre Italien Boccal,
Que je vais, fans tant de myftère,
Nommer en langage vulgaire
De fon vrai nom, un urinal.

Nous ne pouvions jamais employer ce petit meuble fans rire, d'autant que fa capacité eft fi médiocre, qu'il faut juger d'avance fi le contenu ne fera pas trop confidérable pour le contenant : auffi par ce deffaut, j'en ai jetté maladroittement plufieurs par les fenêtres : ne fongeant pas que le verre n'étoit pas fixé dans le jonc.

De Caravalla à Foligno, on voyage avec fatisfaction, quoi que

dans les montagnes , à caufe des belles vallées fur lefquelles par fois
la vue peut fe promener ; des caf-
cades naturelles & brillantes , fer-
pentent à travers les rochers, & les
arbres procurent une ombre falutaire.
Nous avons paffé le mont Colfiorite ,
que les habitans de l'Apennin appellent le petit Mont Cénis, tant parce
qu'il eft affez haut , qu'il a une plaine
& des lacs fur fon fommet, que parce
qu'il eft auffi dangereux , lorfque la
neige eft accompagnée d'un certain
vent, qui en peu de tems l'amoncêle
au point d'enterrer les voyageurs.
Dans ce trajet nous n'avons eu qu'un
peu de froid à effuier , & enfuite,
les campagnes floriffantes ont étalé
devant nous leur magnificence. Ce
pays où régne la fertilité , où le
payfan loge dans le marbre, n'en eft
pas moins un pays de mifère pour
les cultivateurs, du moins avons nous
dû le juger tel , & par les haillons
qui les couvrent, & par les troupeaux
d'enfans qui fans ceffe environnoient
notre chaife en demandant du pain ,
fuivant l'exemple que leur donnent
fouvent leurs peres & meres.

I iv

Nous n'avons eu à voir dans cette
Ville que le Baldaquin de l'Autel de
la principale Eglife, qui eft dans
le goût de celui de Saint Pierre à
Rome, un tableau de Raphael dans
l'Eglife d'un Couvent de femmes,
& la Statue d'argent de Saint Fé-
liciano. Nous fûmes accoftés par un
gros bonet du Couvent de Monfieur
Saint François d'Affife, qui revenant
de quelques endroits voifins où le
bien temporel de fon ordre avoit
éxigé fa préfence, cheminait à petites journées dans une voiture bien
étoffée, & s'arrangeoit, nous-a-t-il
dit, pour n'arrêter que dans les auberges où il étoit fur de trouver d'excellente victuaille.

Ce gras & dodu Papelard
'A trogne ronde, enlumïnée,
Nous dit, d'un ftile fort gaillard,
Qu'il tachait de couler l'année,
Sans fe laiffer miner par le fouci.
Nous le crûmes fans peine ainfi,
Ayant toujours Bacchus pour compagnie,
Et fans doute auffi fort fouvent
Se délaffant avec quelque Silvie,
Des grands travaux de fon Couvent.

Pas ne pouvait manquer le béni Pere
De mettre à bien , plus d'un tendron ,
Etant armé du bienheureux cordon ,
Qui tant foutient en l'amoureufe guerre.

Quant à ce dernier article, ce font lettres clofes; la difcrétion doit-être la vertu principale du froc , auffi ne touchâmes nous point cette corde, ç'eut été pour nous une curiofité vitupérable. Nous laiffâmes ce Revérend jouir à fon aife d'un doux repos, & nous, nous cherchâmes de nouvelles fatigues. Malgré un orage affez fort , qui entraînoit avec lui une pluie plus qu'abondante , nous gagnâmes Spolete , dont l'entrée nous fut interdite , par un ravin d'une largeur finguliére, formé par la pluie , & nous fûmes trop heureux de trouver un gite hors de la Ville.

A un mille environ de diftance , eft un Aquéduc bati par les Romains, encor très bien confervé , & que l'on voit avec plaifir. Ce fût la premiére befogne de notre matinée du lendemain , après quoi nous gagnâmes Terni , que nous défirions ardemment

pour y voir ce Phénomêne dont on
nous avoit parlé tant de fois.

Malgré le béfoin de prendre de
la nourriture pour fubftanter fon individu , à peine nous donnâmes nous
le temps de diner , des Locatis nous
reçurent fur leurs vertèbres déchar-
nées , & notre conducteur nous fit
monter un roc efcarpé, tout de marbre , dont la route à prefque entiére-
ment été faite de main d'homme , à
grands frais , & n'a même été finie
qu'il y à environ douze-ans, par le
Pontife Profper Lambertini. Cette
montagne nous coûta une heure de
marche ; fur la croupe nous mîmes
pied à terre , nous traverfâmes un
petit bois taillis , & defcendant quelques dégrés gliffans , creufés à pleine
terre , nous nous trouvâmes fur le
bord du Roc coupé à pic , ce fût alors
que nous vîmes que les relations ne
nous en avoient point impofé. Une
Riviere * très rapide , manquant de lit
tout à coup , fe précipite de 150. ou

------

* Le Vélino.

deux cent pieds, fur des rochers qui
la recoivent , & lui livrent un paſſage
étroit, qui lui permet difficilement de
rouler encore plus bas , & de ſe joindre à une autre Riviere * auſſi rapide.

Comment de ce noble ſpectacle
Te décrire la majeſté ?
L'œil admire & reſte enchanté
De cette eſpece de miracle ,
Qui ſe renouvelle toujours :
L'onde en tombant , pulvériſée ,
Change la régle de ſon cours ,
Vers les Cieux s'élance en roſée ,
Et paſſant ſon premier niveau ,
Produit un humide atmoſphére ,
Dont chaque goutte , de nouveau
Mouillant aux environs la terre ,
Après certain tems limité ,
Acquiert par la chaleur puiſſante
Du Soleil, une dureté
Qui toujours s'étend , & s'augmente.

La place n'eſt pas tenable pour les
élégans , qu'une boucle défriſée rend

* Le Nard.

I vj

de mauvaife humeur. Le brouillard qui environne les curieux eſt ſi épais, que c'eſt un bain de vapeur dans toutes les formes.

Ce petit inconvénient cédoit ſans peine à notre attention, ſur ces effets ſi pittoreſques. Après nous-être tournés de tous ſens pour nous procurer divers points d'aſpects, nous vîmes que de ce côté il étoit impoſſible de jouir de ce beau tableau en face & que pour y parvenir il n'y avoit qu'un moyen; c'étoit d'aller nous poſter ſur l'autre bord de la ſeconde Riviere, qui revenoit joindre celle-ci au bas des rochers; le tour étoit long & demandoit de la célerité, parce que le jour s'avancoit.

En conféquence nous remontâmes ſur nos bêtes, nous redeſcendimes la montagne, & malgré les diverſes allégations de notre conducteur, qui eut bien voulu gagner ſon ſalaire, ſans tant de peine, nous le forçâmes à nous conduire dans les jardins du Comte Papinian, qui ſe trouvent tout juſtement ſur l'autre rive, & en face de la Caſcade.

Les portes nous furent aiſément

ouvertes , le jardinier ſentoit notre monnoie de loin , voyant que nous avions une eſpéce de cortége. Qu’elle fut notre ſurpriſe d’arriver par une petite avenue garnie d’orangers ſans nombre qui, par le parfum exquis des fleurs dont-ils étoient chargés, nous embaumaient , comme ſi nous euſſions été dans le jardin d’Eden. Nos Roſſinantes eurent l’honneur d’être liés au tronc de l’arbre conſacré à Apollon , & de brouter l’herbe qui croiſſoit avec plaiſir ſous cet ombrage ſacré : je ne crois pas que cela put contribuer à leur faire trouver le repas meilleur , l’appétit leur ſuffiſait.

Pour nous qui n’avions d’affamés que les yeux , nous arpentâmes le jardin fort long en cotoyant le torrent, nous gravîmes différens rochers tortueux , & enfin nous arrivâmes , la ſueur ſur le corps , en face de notre caſcade.

Nos pas ne furent point prodigués en vain , ce nouveau coup-d’œil quoique plus éloigné , ne le cédoit pas au premier, il raſſembloit tous les acceſſoires , & le Baſſin entier qui

étoit le réceptacle des eaux préci-
pitées ; nous ne pouvions nous laffer d'éxaminer , & la hauteur de la
chute , & les monceaux d'écume
produite par le brifement des ondes ,
& la folidité de ces marbres qui femblent ne pas fe reffentir de l'effet
continuel des eaux qui les arrofent :
la feconde chute plus baffe , préfente une fur-face plus élargie , &
des accidens d'une autre efpéce , formant autant de tableaux féducteurs
pour tous les amateurs de l'art fu-
blime des Appelles ; il nous falut ar-
racher , malgré nous , de ce pofte at-
traiant. Car . . .

Phébus dépéchant fa befogne
Fouétait à force fes chevaux ;
Le courfier las hennit & grogne
Sentant l'efcourget fur fon dos.
L'ombre des montagnes s'allonge ,
Brunit & le fol , & le grain :
Notre habit femblable à l'éponge
Gobe le dangereux ferain.
Déja la finiftre chouette
A quitté fa fombre Retraite,
Et par mille cris effrayans
Epante les crédules gens.

Nous retraverfâmes donc cette Habitation délicieufe , le Concierge eut foin de garnir nos poches de ces fleurs fi odorantes, & nous de garnir la fienne de ce métal dont le fon lui étoit furement encore plus précieux. Nous eumes à cotoyer pendant une heure, ces torrens réunis dont le bruit fatigue l'oreille , & dont la rapidité eft d'un grand fecours pour un nombre confidérable de Moulins à huile , qui enrichiffent leurs propriétaires. Et nous nous rendîmes enfin à notre Hôtellerie, où nous étions attendus depuis long-tems , par le maître de nos montures débonnaires. Comme nous avions au moins autant fatigué qu'elles , nous trouvâmes la nuit auffi utile pour nous refaire.

De Terni, on gagne Narni, proche duquel eft un pont de marbre , bati' fur la Néra, anciennement , par les Romains; de quatre arches, il n'en fubfifte plus qu'une entiére , mais ce refte eft précieux & par la belle forme des piles, & par la netteté des profils & par la précifion des joints que l'on ne peut appercevoir. Narni eft fitué fur une éminence , & de deffous

la porte par la qu'elle nous-y ſommes
entrés , en nous retournant vers le
côté par lequel nous arrivions , c'eſt
peut-être le plus agréable coup-d'œil
qu'il ſoit poſſible de trouver ; un
Vallon immenſe environné au loin,
preſqu'en cercle , de chaines de montagnes , qui aulieu d'effrayer , forment
décoration & ſe dégradant inſenſiblement par la perſpective Aérienne :
une fertilité générale offrant aux
yeux le mélange des oliviers , des
vignes & des grains de toute eſpéce,
des eaux qui contribuent , & à l'utile
& à l'agréable , tout ſemble indiquer
la terre de promiſſion. On cite à Narni la Chapelle de Saint Juvénal , dont
le mérite principal conſiſte dans un
eſcalier en fer-à-cheval , décoré de
tous les ſens en beau marbre ; mais
cette pierre eſt dans le pays ſi commune , qu'à la fin elle ne produit preſque plus ſenſation , auſſi n'avons nous
fait quaſi que paſſer dans cette Ville ,
plus curieux d'avancer vers les vignes
d'Otricoli , & de là à *Citta Caſtellana*
que nous avons trouvé ſituée ſur un
terrain de rocher ſi elevé , qu'il nous
à fallu paſſer ſur un pont remarqua-

ble , par un double rang d'Arches l'une fur l'autre ; cela vient auffi de ce qu'un ravin prodigieufement profond , creufé par la nature , fert de fortification à cette Cité , en cas d'évenement.

C'eft en fortant de cette Ville , ou nous n'avons trouvé rien de curieux , que le lendemain , après deux heures de marche , nous avons foulé aux pieds la voie dite *Flaminia*, dont je ne peux perdre le fouvenir , tant elle à fçu fe graver dans ma tête par les cahos terribles qui ont ébranlé mon cerveau. Les Romains ne l'avoient pas certainement conftruite pour notre malheur , ils avoient fait leur poffible pour qu'elle fubfiftât *in æternum* : mais les payfans font ceux qui s'y oppofent , & j'ai obfervé qu'ils la détruifent peu-à-peu , pour employer les pavés à clore leur champ.

Ne va pas croire mon cher , que ces pavés foient , de la même taille & de la même matière que ceux que tu foules à Paris. Ceux dont je te parle font d'une efpéce de pierre de marbre noirâtre , & portent de lon-

gueur environ dix-huit pouces, fur
dix de largeur : ils font affemblés à
pointes de diamant , mais pourtant
fans fymmétrie recherchée , & felon
la forme de leurs angles accidentels.
Ces pierres portent auffi dix-pouces
& plus , en épaiffeur , quant à leur
centre feulement , car j'ai remarqué
avec étonnement , qu'au lieu d'avoir
une fuperficie plane pour bafe, ils
ne portent aucontraire que fur le
point du centre qui s'avance en terre
en forme de cône aigu. Il faut
croire que cette méthode eft la plus
certaine pour la folidité du chemin ,
puifqu'il dure depuis un fi grand
nombre d'années , mais j'eftime que
la qualité & la préparation du fol
qui fupporte ce pavé, n'a pas moins
contribué à le faire fubfifter fi long-
tems , fans altération.

Après avoir eu le loifir pendant
deux grandes heures de calculer le
fort & le foible de cette route con-
fulaire , & de maudire les détracteurs
intéreffés de l'antiquité , nos oreilles
ont fubitement été violemment frap-
pées des cris redoublés de notre pof-
tilon.

[211]

Semblable à ces Pilottes fatigués d'une longue & pénible navigation, dès qu'à l'aide de la lunette ils croyent découvrir la terre, alors tout le Vaiffeau retentit de leurs clameurs, & leur voix bruiante fait circuler la gaité & l'efpérance dans tous les cœurs : de même le mot de *Saint Pierre* vingt fois repété, avec enthoufiafme, doubla à l'inftant notre courage : nous lorgnâmes fi conftamment, qu'à la fin nous apperçûmes, non fans peine, un point dans l'air, lequel point nous fut certifié par notre obfervateur, être la Boufle du Dôme de Saint Pierre de Rome.

Tout ce que l'on voit, on n'y touche pas pour cela, la preuve convaincante à notre égard, c'eft que de l'aveu de notre conducteur, nous en étions encore éloignés de dix-huit mille au moins, ce qui nous à décidés à ne point forcer notre marche, ne pouvant y arriver que l'aprèsmidi, & à diner à Caftel-Novo. Nous y fûmes traités comme on doit l'être dans un défert, car tu fçauras qu'à cette diftance de Rome, à peine y à t-il des auberges. Le mauvais air empêche d'y féjourner, tout ce terrain eſt inégal & rempli de collines, qui ne produiſent preſque que de la fougére: le ſol eſt un tuf brun, qui rend blanches les eaux dormantes; il s'y trouve des lits de pierre, mais elle paroit de mauvaiſe qualité. Nous avons rencontré beaucoup de reſtes de batimens Romains; mais ce ne ſont actuellement que des maſſes informes, qui ne peuvent donner aucune idée de leur ancienne conſtruction.

Ce ſpectacle triſte, a fait place à un très riant, lorſque nous ſommes aprochés à la diſtance d'un mille, de Rome; alors de quelque côté que notre œil ſe portât, tout le charmoit: orangers, vignes, maiſons de plaiſance de bon goût, tout annonçoit le voiſinage d'une grande Cité, & il étoit permis à des Modernes, qui n'avoient point vu la Rome payenne, de ſe faire une grande idée de la Rome chrétienne. Il étoit environ ſix-heures du ſoir, lorſque nous paſſâmes le fameux Tybre, ſur un pont qui a bien l'air antique, il ſe nomme *Ponte Mole*: ſes Arches ſont très peu élevées, il eſt décoré de la ſtatue

en marbre, de Saint Jean Népomu-
cêne. Une rue de faubourg des plus
longues , nous a conduits à la porte
dite porte du peuple, par laqu'elle
nous avons enfin fait notre entrée
dans cette Capitale de l'Univers.

Je te ferai paſſer preſque droit
dans Rome, parce que je n'y ai fait
que paſſer auſſi moi-même, mais bien
à deſſein d'y revenir : notre but dans
ce moment étoit ſimplement d'y
voir le triomphe du Saint Pére ,
c'eſt-à-dire la Proceſſion du Saint-
Sacrement, ainſi tu es en droit de
conclure que nous y ſommes arrivés
la veille de la fête de Dieu. Nous n'a-
vons eu en entrant dans cette Ville,
que le tems de remarquer une belle
Place, preſque ronde, décorée au centre, d'un obéliſque très-haut en granite, percée de trois rues droites qui
y aboutiſſent en pate d'oye , & ornée de deux jolis portails d'Egliſe
faits l'un pour l'autre, & pour la ſatisfaction du ſpectateur. Ce petit
échantillon te donne ſans doute un
avant goût pour le reſte, mais tu
me permettras cependant d'aller ſur
le champ prendre mon gîte dans la

premiere auberge indiquée, en attendant la grande proceſſion.

Cette cérémonie eſt dans Rome, à
peu près ce qu'eſt à Paris le Sermon
d'un grand Prédicateur : la plus part
des auditeurs y vont, parce que c'eſt
le ſpectacle du jour, & qu'il eſt dé-
cent, certains jours de l'année, de
s'ennuier par rendez-vous public.
De fait je crois que cette cérémonie,
quelque belle qu'elle ſoit d'abord,
devient bien inſipide aux gens do-
miciliés, à moins que la premiere
jeuneſſe ne les rende encore curieux
de toute fête d'apparat. Ce n'eſt pas
qu'il n'y ait là, comme chez nous, un
tas de gens oiſifs à qui il faut un peu
de curioſité.

> L'homme, par tout pays eſt homme :
> Sous le joug de l'oiſiveté
> Qui languit à Paris, à Rome,
>   Saiſit avec avidité,
> Le moindre objet, qui, de ſa lethargie
> Le tirant pendant un inſtant,
> Peut le rappeller à la vie,
> Et diſſiper les horreurs du néant.
> La femme oiſive par nature,
> (Grace aux abus d'un faux gouvernement)

Ne femble faite uniquement
Que pour vacquer à fa parure :
Son efprit fin , mais fans culture,
Ne lui fert que pour les plaifirs ;
Contenter fes moindres defirs
Eſt pour fon cœur la félicité pure.
Meſſe , Opéra, Bal , ou Sermon,
N'importe ; tout endroit eſt bon ,
Si du Public l'affluence complette
Applaudit aux appas d'une docte toillette ;
Et ce minois fripon , malgré fa fauffeté,
Attire fur fes pas, le paillard enchanté.

L'affluence ne pouvoit être médiocre dans la place de Saint Pierre,
dont cette proceſſion fe contente de
faire le tour, & c'eſt bien aſſez , car
fans cela , notre Pere Saint n'y pou-
roit fuffir, & la journée y fuffiroit
à peine auſſi. Il n'eſt pas néceſſaire
de te détailler, & les fenêtres garnies
de tapis riches pour les Dames qui
veulent voir, ou être vues, & les échaf-
fauds dreſſés devant les maifons , &
les chaifes arrangées en rang triple au
moins ; toutes ces chofes fe prati-
quent à Rome, comme à Paris, &
probablement partout ou l'intérêt &

la curiosité peuvent trouver leur
compte ; quant au chemin que devoit faire la procession, on avoit eu
soin de le rendre agréable & commode ; des poteaux de distance en
distance, entourés de branches d'arbres verdoyantes & surmontés de
guirlandes de fleurs formoient des
portiques, où pendoient des médail-
lons, le pavé étoit couvert d'un sable très-doux, & assez frais pour ne
point causer de poussiere, & des ban-
nes tendues avec exactitude, défen-
doient de l'ardeur du Soleil, & auroient préservé de la pluie en cas
d'accident.

Tout bien préparé, & nous assis
moyennant notre argent, voici à peu
près le spectacle qui a occupé nos
yeux pendant deux heures entieres,
tems incroyable & cependant nécessaire pour le défilement de cette procession nombreuse.

D'abord pénaillons de mille espé-
ces & de mille couleurs avec croix
& bannieres : Chanoines & Clergé
des Paroisses principalles, dites *Ba-
siliques*, chacune précédée d'une masse dorée contenant une clochette que
l'on

l'on fait tinter, & d'une banniere ;
dont la forme tient d'un parafol, o 1
plutôt d'une canonniere de tente d'armée, chacune d'étoffe différente &
de couleur particuliere. Orphelins,
enfans trouvés, &c. gens poffédant
des charges à la Datterie, vétus en
manteau & rabat, & armés chacun
d'une torche de belle cire, fans mauvaife odeur. Avocats & Notaires
vétus en Abbé.

Suivoient les Prélats & Monfi-
gnors, vétus en violet (ce nom fe
donne à tous ceux qui exercent des
fonctions auprès de la perfonne Pa-
pale) les Généraux d'ordres , les
Curés de Rome dont beaucoup font
Moines Inquifiteurs & Pénitenciers.
Les Evêques Etrangers *in partibus in-
fidelium* , ayant en tête une Mitre de
toile blanche , la plupart portant
barbes longues & un entr'autres la
peau de Négre. Les Evêques effectifs portant en tête des Mitres de damas blanc à fleurs, & des dentelles
riches à leur Rochet. Les Cardinaux
tenant négligemment à leur main
avec un ruban une Mitre pareille de

damas blanc. La Musique dont la plus-part *Senza Coglioni.*

Cette marche étoit bordée des Suisses de la garde du Pape, portant la salade en tête, la cuirasse, les cuissards, &c. & ressemblans à des Sanchos.

Enfin parut sa Sainteté, tête nue, vétue de riches habillemens d'étoffe blanche à fleurs d'argent & or. Le Pape paroit être à genoux devant un prie-Dieu, sur lequel est posé le Saint Sacrement, ce prie-Dieu est couvert d'étoffe argent & or ; les mains de sa Sainteté posées sur le pied du Soleil l'empêchent de vaciller, & le tout, tant le bon Dieu, que son Vicaire, est sur une espéce de palanquin élevé sur les épaules de douze hommes, à trois hommes par chacun des bâtons du palanquin. A chaque côté du Pape est un Officier portant au haut d'un long bâton rouge un grand éventail de plumes de Paon blanches, pour le garantir du Soleil, & au-dessus de sa tête est un dais mobile d'une étoffe pareille argent & or. Je dis un dais mobile, parce que il n'eſt ſoutenu que par huit lances dorées que portent quatre Officiers, à chaque côté du Pape, de façon que par les pas de progreſſion continuelle, les plis que fait l'étoffe changent, & ce mouvement de l'étoffe lui donne d'autant plus de brillant & fournit un ſpectacle bien plus pittoreſque, plus élégant, que nos dais maſſifs montés ſur des chaſſis, tels magnifiques qu'ils puiſſent être.

Aux côtés du Saint Sacrement marchent tête nue & à pied, les gentilshommes de la garde du Pape, armés de cuiraſſes très-brillantes. Derriere vienne à cheval des pages portant le reſte de l'armure de ces Gentilshommes dont je viens de parler. Enſuite les Officiers & les Capitaines des Chevaux-Légers armés ſuperbement de toutes piéces, portant manteaux de ſatin cramoiſi brodés d'or, par-deſſus leurs cuiraſſes, & coëffés d'un chapeau garni de plumes volantes, retombant au tour, & montés ſur des chevaux de prix. La Compagnie des Chevaux-Légers portant habit rouge galonné d'or, la caſaque auſſi galonnée, & montée ſur

de beaux chevaux, suit ses Officiers.
Viennent après les Capitaines de
Cuirassiers suivis de leur Compagnie habillée en bleu : derriere marchent des Grenadiers à pied , d'une
taille avantageuse & portant le bonnet à poil noir. La marche est fermée par la Compagnie des gardes
Avignonaise , & par un grand nombre de carrosses de suite très-bril-
lans.

Voila , si ma mémoire m'a été fi-
dèlle, l'ordre & la marche de cette
cérémonie pompeuse : je ne pourrois
pas cependant affirmer mon détail,
dans toute la vérité scrupuleuse &
des rangs & du nombre ; mais comme il est attribué malheureusement
à l'humanité de se tromper, ma dé-
claration suffit pour mériter mon
pardon, si cela m'est arrivé.

Si je voulois me donner un air de
Censeur, j'aurois ample matiere , &
je pourrois dire,

> J'ai vû le Successeur de Pierre
> Portant son Créateur en main ,
> Suivi de gens armés en guerre
> Avec l'attirail & le train,

Qui ne convient qu'au Diadême ;
Et je me difais à moi même :
Du Chrift, Pierre fut exhorté
Pour avoir frappé de l'épée ;
Mais aujourd'hui cette équipée ,
Ces miniftres de cruauté
Sont dévolus à la Thiarre :
Ainfi le veut un ufage bifarre ,
Enfant de nos fiecles de fer ,
Et le Prince de paix , maintenant en enfer
  Avec le moufquet & la lame ,
  Souvent fait dépêcher une ame ,
  (Par une , j'entends des milliers)
Pour conferver quelques perches de terre,
  Que Pierre eut cedé volontiers
  Pour fauver l'ame de fon frere.

J'ai vû.... Mais c'eft affez pour le préfent , il vaut mieux te conduire avec nous à Naples : le Vendredi donc lendemain de la fête Dieu , nous avons dit un petit adieu à la Ville Romaine & nous fommes décampés de grand matin pour dérober quelques heures à la chaleur qui devoit être & fut très-forte, ce jour & le fuivant. Nous dinâmes à Marino, nous fîmes la nuitée à Velletri ; le lendemain notre premiere paufe fut

à Sermoneta , & la feconde à Piperno , après avoir eu les narines bien
offenfées par les exhalaifons fulfu-
reufes des eaux qui croupiffent dans
une grande partie de ces cantons ;
nous n'arrivâmes point à Piperno
fans aventure ; en voici une à laquelle
nous ne pouvions nous attendre , &
que nous fournit , dans un endroit
ferré de la route , la rencontre d'un
payfan conduifant devant lui fon âne
chargé d'une ample fomme de bois
qu'il venoit de ramaffer , & arranger
avec foin dans l'inftant fur la bête.
Sa bête *autem* étoit mafculine , fans
dégradation , & malheureufement
une des nôtres étoit féminine. Du
plus loin que le rouffin fentit notre
demoifelle , il lui envoya par les airs
un compliment *amorofo* , d'un fi
grand bruit , qu'il nous fit redouter
l'inftant de l'abordage : nous eûmes
beau crier à fon conducteur de s'arrêter & de nous éviter , le manan
qui croyoit apparemment être plus
obéi que le Dieu d'amour , n'en fit
rien , dont bien fe repentit. A peine
fûmes nous en préfence , que le galant fougeux vint caracoller au tour

de l'objet de fes defirs, avec un air &
un gefte tout à fait perfuafifs.

> De fa charge la pefanteur
> Ne peut diminuer l'ardeur
> Qu'amour fait couler dans fes veines :
> Le maître envain jurant, à grands coups de
> baton
> Lui meurtrit & crâne & chignon,
> Il perd & fon tems & fes peines :
> Plus alors l'obftiné baudet,
> Que tant de violence anime,
> Des pieds de deriere s'efcrime.
> Par vingt ruades fon paquet
> Et fon bas perdent l'équilibre,
> Et gliffent le long de fon flanc :
> L'animal fe fentant plus libre,
> Redouble, & fe met tout en fang.
> Enfin, fi bien notre amoureux opère,
> Que la corde fatale rompt ;
> Le fardeau de bois roule à terre,
> Et par un effet auffi prompt
> La batine bien rembourrée
> En morceaux, vole, déchirée.

Si cette fcène fut comique pour
nous ; elle produifoit l'effet contraire
fur l'ame du Ruftre, qui facrant de
toutes fes facultés, & apiès fon éta-

lon , & après fa maitreffe , & peut-
être après lui-même, travailla à réparer de fon mieux le dommage ,
tandis que nous , nous profitâmes d'un
inftant favorable pour poufl'er en
avant , & dérober les attraits fi puif-
fants de notre demoifelle , à la pour-
fuite de ce chaud compagnon. Comme rien ici bas n'eft durable, nous
vîmes bientôt le terme de notre
gaité ; car à quelques cinq cens pas
de diftance, foit maladreffe de notre
poftillon , foit punition marquée de
notre peu de compaffion , pour la
peine de notre prochain, notre chaife
verfa fur les cailloux, dont le chemin eft rempli , nous en fumes heu-
reufement quittes pour quelques lé-
gères contufions. Nous n'étions pas
abfolument éloignés de Piperno , où
je t'ai dit que nous devions prendre
notre repos , mais pour y parvenir
il falloit gravir une montagne de
marbre fort roide , nous ne conce-
vions pas trop comment nous nous
tirerions de ce pas , & la vigueur de
nos courfiers nous paroiffoit infuffifante. Elle l'était en effet , & quelques inftans après le myftère fe dé-

velopa. Un journalier de ce canton ,
fort mal vétu & n'ayant pour fouliers
qu'un morceau de cuir fanglé par deffus le pied avec de la corde , accofta
notre conducteur , lui dit quelques
mots de patois , que nous ne pumes
entendre , & revint quelques inftans
après accompagné de deux gros animaux à peau noir , à poil raze , les
yeux petits & bleus gris , les cornes
recourbées en fens contraire à celles
de nos bœufs , & ayant un gros anneau de fer paffé dans le cartillage
du nez. Cet animal eft ce qu'on
nomme un buffle , efpéce de bœuf
fauvage , plus vigoureux de beaucoup que les bœufs domeftiques. Ils
couchent en pleine campagne , s'a-
privoifent aifément , & font conduits
en troupeaux par des enfans.

Ce furent donc ces nouveaux venus
qui enleverent à nos chevaux , la
gloire de nous monter au haut de
l'efcarpement. Un gros morceau de
bois , fixé avec des cordes à leurs
cornes , fervit de joug : fur ce joug
furent pofés & pareillement garottés
les brancards de notre voiture , &
le tout ainfi bien agencé , notre Hi-

polite a cédé ſes droits au Pâtre ,
qui , armé en guiſe de fouet, d'une
gaule portant aiguillon au bout, di-
ligentait

> Ces deux courſiers d'eſpéce ſinguliere
> Èn leur piquant vivement le derriere ;
> Tandis qu'un petit Jouvenceau
> Les tirait avec cet anneau
> Soudé dans leur double narine.
> Pas à pas notre char chemine
> Et gravit le marbre gliſſant :
> Nos bœufs tardifs ſont couverts d'un nuage
> Exhalé de leur corps puant,
> Le vent nous le porte au viſage :
> Que faire ? envain chacun enrage,
> Il faut gober ce tabac déplaiſant.

Il me ſembloit à notre allure tran-
quille , que nous jouions aſſez bien le
perſonnage

> De ces certains Monarques
> Nommés Rois fainéans ,
> Qui contens de porter les marques
> Et les pompeux ajuſtemens
> Conſacrés pour le rang ſuprême ,
> Trouvaient des plaiſirs infinis
> A faire traîner dans Paris
> Par de forts bœufs, leur face triſte & blême.

La différence de nous à ces Princes , c'est que ce qui faisoit leurs délices , faisoit notre peine , tant par
la lenteur de la marche , que par le
supplice que l'on faisoit éprouver à
ces animaux , qui n'en pouvoient
plus. L'aiguillon alla si bien son train
que nous gagnames enfin le sommet
de cette montagne ; nous la redes-
cendîmes de l'autre côté , pour chercher notre lieu de repos , qui n'en
fut pas un à beaucoup près , tant les
puces jouerent fur notre chair , de
leurs petits couteaux. Nous leur fumes redevables de notre diligence à
devancer l'aurore , & nous arrivâmes
en conséquence de fort bonne-heure
dans Terracine , qui a un petit port , &
dont les habitans ne font presque que
tous matelots. La voie Appienne qui
forme une partie de cette route , n'est
pas en meilleur état que la flaminiene ,
nous en fimes encore la triste expérience , le soir en gagnant Fondi ,
premier endroit du Royaume de
Naples , où l'air est ordinairement
dangereux dans l'Eté ; mais comme
la saison n'étoit pas avancée , nous y
couchâmes fans appréhenfion de fui-

tes funeſtes. Cette route offre aux yeux force citronniers, orangers & figuiers & ſurtout beaucoup de ces arbres

> Qui, de nature complaiſante,
> Se dépouillent de leur ſurtout,
> Pour conſerver la vigueur & le goût
> De certaine liqueur charmante
> Dont le mouſſeux pétillement,
> Au deſſert inſpire la joie,
> Et fait que l'ame ſe déploye
> Par ſon gentil agacement.
> A ces vertus tu connois le Champagne ;
> Tu ſçais auſſi que le flacon,
> Pour réprimer l'ardeur qui l'accompagne,
> A beſoin du meilleur bouchon.

Or, le bouchon ſe fait avec le liége, ou plutôt avec l'écorce de l'arbre de ce nom, qui ſemble n'en être revêtu que pour nous en faire préſent ; car ſi tous les trois ans on ne l'en dépouilloit pas, il auroit une forme des plus déſagréables, ceux qui touchaient leur troiſiéme année, avoient un ventre preſque ſemblable à celui d'une femme groſſe, & auſſi peu agréable à voir.

La lampe au lieu de chandelle pour nous éclairer , l'huile d'odeur forte pour imbiber la falade , & arrofer le roti, les lits abominablement durs, les armées de puces combinées pour dévorer les voyageurs , tout nous a demontré à Fondi, par preuve *ad hominem* que nous étions chez les Napolitains. La néceffité produifant toujours l'induftrie, je me perfuadai qu'une table m'élevant davantage de terre, j'y ferois plus à l'abri des attaques de ces petits ennemis fi redoutables. Une redingotte étendue fervoit de matelas , une autre liée avec une corde, fit l'office du traverfin, des chaifes arrangées autour de la table , fervirent de baluftrade préfervative contre la chute , je m'étendis fur ce lit de nouvelle conftruction , où je ne trouvai point de pofture foporitive , & ou ces infectes affamés furent bien me trouver , & me faire défirer ardamment le lever de la pareffeufe Nimphe aux-doigts de rofe.

Notre journée du lendemain ne fut pas beaucoup plus heureufe , les cahos , la fouille des commis à

gaëte , & le diner compofé de chair
de buffle , ne nous plurent pas mer-
veilleufement , il eft vrai pourtant
qu'un plat de fardines fraiches nous
rendit d'humeur plus gaye , c'eft un
manger excellent que nous ne pouvons nous procurer à Paris pour de
l'argent , parce que ce poiffon eft fi
délicat, qu'il ne peut être tranfporté
fans fe corrompre.

Peu s'en falut que nous ne paffaf-
fions la nuit à la belle étoile ; nous
nous étions fi bien fourvoyés , qu'a-
près avoir marché pendant plus de
deux heures fans voir clair & toujours
dans la crainte de tomber dans quelque précipice inconnu , nous nous
trouvâmes dans un endroit nommé
Seffa , qui étant hors de la route
comune, étoit dépourvu de toutes les
néceffités de la vie ; ce n'étoit qu'au
fon de quelques cloches que nous
avions pu nous guider pour y arriver, & ce ne fut qu'à la fombre
lueur de quelques foibles lampes ,
brulant en l'honneur des Madônes ,
que nous évitâmes de nous brifer
contre les murs des maifons de cette
petite Ville. La plus part des habitans

étoient déja dans les toiles , ceux qui veilloient encore, & que la curiosité faisoit paroitre à la fenêtre , la refermoient promptement , sans daigner répondre à la demande suppliante que nous leur faisions de nous enseigner une auberge. La Providence ne permit pourtant pas que nous couchassions sur le pavé , & nous envoya deux Napolitains plus honnêtes que les autres , qui s'offrirent de nous conduire dans la meilleure Hôtellerie du lieu. Il y parût bien , car après avoir éveillé maitresse & valets , on nous régala avec des vieux œufs , du fromage de lait de buffle , chose détestable , & du fenouil pour tout dessert : un lampion placé sur le cul d'un pot , nous servit de candélabre , un seul verre nous fut administré pour nous deux , quant aux fourchettes , c'est un meuble que l'on ne connoissoit point ; des serviettes grandes comme un mouchoir , pleines de solutions de continuité , & de la malpropreté de ceux qu'elles avoient déja essuiés , nous furent agréablement présentées. Nous demandâmes un lit ; la maitresse ne crut pouvoir mieux faire que de nous céder le fien encore chaud. Les draps que nous portions toujours avec nous, par précaution, y furent adaptés, & nos deux corps bientôt étendus dedans; mais & l'odeur infuportable de la chambre, & les cris des morveux que l'on berçoit dans la chambre voifine, & les armées de puces, nous firent paffer une nuit telle que tu peux l'imaginer. A notre lever tout notre corps étoit auffi rouge que fi nous euffions été travaillés de la petite vérole. Les chevaux n'eurent point d'avoine, & nos do-meftiques couchérent fur le fumier; mais felon le docteur Pangloff, tout étoit certainement pour le mieux.

> Qu'un grain de philofophie
> Eft un fecours bien puiffant,
> Pour méprifer dans la vie
> Tout finiftre évenement!

Nous n'étions pas de vrais Philo-fophes, car nous ne trouvâmes rien de bien dans tout ce qui nous arri-voit. Le lendemain nous vimes en, paſſant les foibles reſtes de l'ancienne Capoue ; ils ne conſiſtent qu'en deux portes aſſez délabrées , & quelques veſtiges de l'ancien Théâtre, qui peuvent faire ſoupçonner ſa grandeur. Enſuite nous fimes une ſtation forcée dans Capoue la neuve , bâtie près - de l'ancienne , pour faire viſer par le Gouverneur des paſſe-ports que l'Ambaſſadeur nous avait fait expédier à Rome , & ſans leſquels on ne ſeroit pas bien reçu à Naples. Les délices de cette Capoue la cadette , n'étoient pas ſi dangereux pour nous , qu'avoient été pour le Seigneur Annibal , ceux de l'ainée , & ce ne fut certainement ni la délicateſſe qui préſida à notre feſtin , ni la ſomptuoſité qui décora notre appartement, puiſque nous manquions même du néceſſaire ; nous nous conſolions par l'eſpérance de nous voir du moins la nuit prochaine , habitans de la belle Ville de Naples, dont on nous avoit d'avance fait tant de récit ; mais le Ciel en ordonna autrement, nous vérifiâmes le proverbe ancien , & voulant éviter Carybde , nous tombâmes en Scylla. Carybde étoit le pavé exceſſivement rude, Scylla fut un trou caché ſous la boue du chemin non pavé, ou une de nos roues étant tombée, nous fumes contraints de quitter la ligne verticale pour prendre l'horiſontale. Des gens officieux aidérent à nous remettre en pied, mais comme le Napolitain, de caractère fort ſoigneux, ne laiſſe rien trainer de ce qui appartient aux autres, je perdis dans cette équipée un meuble qui m'étoit des plus utile, & je leurs fis préſent ſans le ſçavoir, de mes pantouffles. Après cette avanture le chemin devint beau, mais la nuit avançoit à grands pas : une pluie violente & ſubite, dont nous ne pouvions calculer la durée, obſcurcit les cieux, nos chevaux étoient fatigués, de ſorte que par un malheur inoui, nous fumes contraints de reſter, à cinq petits milles ſeulement de Naples. Le batiment de l'Hôtellerie nous en impoſa par ſon air élégant, ce n'étoit qu'un miſérable bouchon, où l'on ne nous offrit pour lits, que de la paille hachée répandue, & le carreau pour ſommier. Les chevaux étoient détachés,

& avoient mis le pied dans l'écurie,
ce qui, dans le pays Napolitain, donne
un droit irrévocable à l'Aubergifte,
pour écorcher fes hôtes de tout fon
pouvoir. Nous foupâmes comme des
chiens, nos bêtes manquerent de
tout, nous couchâmes dans notre
voiture fous une efpéce de hangard,
obligés d'en defcendre fréquemment
pour nous dépouiller de notre véte-
ment le plus intime, devenu le re-
paire de milliers de ces infectes dé-
vorans & imprenables.

Que j'aurois défiré, mon cher,
te voir en pareille circonftance ! que
feroit devenu ce Phlegme Philofo-
phique, qui t'accompagne pour l'ordinaire ? Surtout fi au moment du
départ on eut voulu exiger deux fe-
quins, pour la dépenfe d'une nuit
pareille. Ces gens pleins de conf-
cience ne demandoient que vingt
deux francs, ne voulant pas, difoient-
ils, marchander avec des Seigneurs
comme nous. Quoiqu'ils nous fiffent
grace du blanchiffage des draps, je
ne jugeai pas à propos d'acquiefcer
à leur friponnerie, je fis le méchant,
les menaçai de la Juftice de Naples,

& leur en impofai pourtant affez ;
pour quils confentiffent à perdre la
moitié de leur demande , & à nous
laiffer fortir de chez-eux. Il étoit
quatre heures du matin , lorfque nous
déguerpîmes de ce coupe-gorge ; à
cinq & demie , nous nous trouvâmes
devant la Douane extérieure de Naples : deux Carlins donnés aux commis pour *Lacquavite* , leur perfua-
derent facilement que nous n'étions
pas gens à frauder les droits de leur
Souverain , & nos malles pafferent
fans être fouillées.

La longueur de cette lettre te
prouve que je ne fraude point non
plus les droits de l'amitié ; je défire
qu'elle ait put te caufer quelque plaifir ; j'en gouterai toujours de fen-
fibles à t'en procurer ; en attendant
je fuis , comme de coutume , tout à
toi.

LETTRE QUATRIEME

De Naples.

LA prodigieuse quantité de fraises que portoient les paysans à la Ville, nous annonça d'avance sa population ; l'étendue du fauxbourg par lequel nous entrâmes, nous annonça sa grandeur, qui nous fût bientôt confirmée davantage par le chemin & les détours qu'il nous falut faire pour parvenir au lieu que nous devions occuper. Nous fûmes bien couchés, bien nourris, & nous eûmes l'agrément d'avoir pour Hôte un François, qui nous fit voir qu'il n'avoit point perdu l'habitude de la politesse nationale. Dès le soir, il nous conduisit à bord d'un navire Hollandois où ses affaires exigeoient sa présence, pour nous en procurer la vue tout à notre aise.

C'est là le jour, où la premiere fois,
J'osai commettre aux flots si peu courtois

La chofe la plus prétieufe
Que puiffe avoir un mortel ici bas ;
Et fur l'onde capricieufe
Chercher, peut-être, le trépas.
Une chaloupe dandinante
A porté les deux voyageurs,
A bord d'une nef éclatante
Par la dorure & les couleurs.
Le roulis plut affez à notre Seigneurie,
Mais ce n'était le tout, que de toucher
La maffe à peu près arrondie
Du bâtiment ; il nous falait hucher
Sur le pont ; c'était là le diable.
Le plancher vacillant, peu ftable,
Le flanc du vaiffeau fi bombé
Que notre corps en arriere courbé,
A peine gardait l'équilibre :
Pour gradins, des bâtons cloués,
Dont fi mince était le calibre
Qu'on y pofait au plus le bout des pieds :
Pour écuyer, une corde pendante
Qui du corps doit porter le poids,
Et fans une force conftante,
Glifferait aifément des doigts :
Tel eft, mon cher, l'apprentiffage
Que lors fit le Parifien,
Qui pourtant, fans perdre courage,
Jufques en haut monta fort bien.

Le Lieutenant du vaiſſeau nous
reçut avec toute la politeſſe poſſible,
nous fit examiner piéce à piéce, tout
l'équipage dont la propreté nous
étonna, la chambre de cet Officier
étoit un bijou; mes yeux en ſe promenant apperçûrent ſur ſon lit un
violon, le deſir augmenté pour l'ordinaire pat la privation, me porta à
lui demander la permiſſion de le toucher, je fis retentir ſon petit appartement de mon mieux, mais toujours
inquiet ſur l'aplomb de mon corps
par le mouvement continuel du vaiſſeau, qui donne des étourdiſſemens à
ceux qui n'ont pas le pied marin.

Après avoir quité cet Officier,
qui quoique Hollandois, parloit aſſez bien notre langue, il falut redeſ-
cendre dans notre chaloupe, cérémonie qui fut encore plus déſagréable
que la précédente: il ſemble que l'on
va ſe précipiter de gaité de cœur dans
la Mer. Cependant avec de la prudence on ſe tire d'affaire, & le péril
une fois évité, on eſt charmé de s'y
être expoſé. Nous nous fimes conduire au Mole, ou jettée qui eſt fort
large & belle, les caroſſes y abon-

doient, le beau monde s'y prome-
noit, & nous remarquâmes avec chagrin que les jolies femmes n'y étoient
pas plus communes qu'à Paris. Quant
à la façon de se mettre, elle est dans
les gens d'un certain rang, la même
que la notre.

Le lendemain, jour de l'Octave
du Saint-Sacrement , nous procura
un spectacle qui met toute la Ville
en mouvement. La cérémonie de ce
jour est aussi grande à Naples, que
celle de l'Octave précédente l'est à
Rome. Quatre Autels sont dressés.
en quatre endroits de la Ville, &
magnifiquement décorés , tant en
Peintures, qu'en fleurs, & en argen-
terie. La Musique n'y est pas épar-
gnée. Le Saint-Sacrement marche en
grande Pompe, accompagné d'un
cortége nombreux de Prêtres; les
Membres du Conseil du Roi suivent,
vétus d'une robe de soye noir, par-
dessus une veste de soye, aussi noire,
& portant au cou un rabat large,
court, point fendu au milieu & solide
comme du carton, ce qui fit pour
nous un point de nouveauté.

Nous

Les-Trouppes font rangées fur la place du Château, appellé neuf, & fous les armes, le canon tire des coups efpacés, lorfque la Proceffion marche, tout contribue à rendre la fête Augufte.

Nous nous étions placés en face du Château neuf, où étoit le coup-d'œil le plus agréable, & par l'étendue du terrain, & par la manœuvre des Trouppes, & par le fervice du canon. Là auffi étoit préparé un feu d'Artifice qui devoit terminer la fête. Nous vîmes défiler de loin tout le cortége qui marchoit pofément ; la multitude des fpectateurs qui rempliffoit les fenêtres & les rues, nous rappelloit Paris, le nombre des cierges & des flambeaux de cire pure, augmentoit la beauté du fpectacle, (il eft bon de te dire en paffant, que les enfans recueillent fur des papiers, les gouttes de cire qui coulent de ces flambeaux ;) tout alloit au mieux, lorfqu'un nuage fendu par un coup de tonnère, ayant diftillé quelques goutes d'eau, la frayeur s'eft emparée des Miniftres du Seigneur, la propreté de leurs furplis l'a emporté

ſur leur fonction honorable, des pa-
raſols ſans nombre ont dabord couvert toutes les tonſures, & un inſtant après

> Toute la Troupe Calottine
> Diſperſée en nombreux eſſains,
> Abandonnant le Saint des Saints
> A, ſous quelque porte voiſine,
> Cherché contre l'humidité
> Un prompt & ſûr azile ;
> Et le bon Dieu s'eſt vû quitté
> Par cette milice indocile,
> Qui ne recherche en le ſervant,
> Que dignités, repos, argent.

Cette déſertion n'a pourtant pas
empêché la continuation de la marche : leur divin Maître content d'a-
voir démaſqué publiquement leur per-
fidie, a commandé aux nuages, &
ils ſe ſont diſſipés. On a joint facilement l'Autel prochain, où les uns
gagnoient une bénédiction en per-
dant leur tabatiere, & les autres
perdoient leur âme en gagnant des
mouchoirs & des montres. En l'art
de l'eſcamotage les anciens Spartia-
tes n'auroient été que des ignorans

auprès des enfans Napolitains. La forme de mes poches a mis pourtant leur adreſſe en défaut, mais mon compagnon a payé, ainſi que notre valet, le tribut que les Étrangers doivent au talent de ce Peuple habile.

Au déclin du jour, le feu d'artifice préparé ſur le Château Neuf, qui à Naples repréſente le Château Saint Ange de Rome, fut tiré. L'artifice n'étoit pas épargné, des ſerpenteaux en pétards courant ſur des eſpéces de treillages, formoient un coup d'œil fort joli, & produiſoient un vacarme réjouiſſant. Les boëtes, le canon, les bombes, les décorations, tout fut complet, & je regagnai mon gîte très-content de ce que j'avois vû, & autant pour le moins, de n'avoir perdu aucun de mes bijoux.

L'envie naturelle de connoître la Cité magnifique qui nous poſſédoit comme citoyens alors, fut obligée de ceder à la curioſité bien fondée des phénomènes de la nature dont les environs de Naples abondent, & au deſir impatient de rendre nos hommages à tous ces Dieux fameux des

Grecs & des Romains, dont les faits
& geſtes ont été gravés profondé-
ment dans notre mémoire, par le ſecours du foüet & des férules. Il
ſemble que ce qui auroit dû nous les
faire haïr, ne fait au contraire que
picquer la curioſité, alors que libre
de ces entraves de collége, on agit
de ſon propre mouvement, en riant
des petits chagrins de l'enfance,

En conféquence, le Vendredi 10
de Juin, nous ſommes montés dans
notre équipage, *o*, *vetturino*, de grand
matin, & nous avons tiré vers Pouzzoles. Nous avons traverſé cette voûte remarquable, pratiquée dans la montagne nommée Pauſilippe. Sa longueur
eſt d'un mille environ, ſur à peu près
trente pieds de largeur, & quarante
d'élévation au milieu, car aux deux
extrémités, l'élévation eſt double,
pour que les rayons de lumiere puiſſent gliſſer plus aiſément juſqu'au centre, qui d'ailleurs en reçoit encore
par deux petites ouvertures prati-
quées dans l'épaiſſeur perpendiculaire de la montagne.

Cet ouvrage peut s'appeller digne
des Romains, & a droit d'étonner

les Etrangers. Il faut cependant convenir que la nature du fol en a rendu l'excavation moins difficile. Les pierres que l'on en tire journellement & qui fervent à la conftruction des maifons de la Ville, ont une teinte grife, jaunâtre, & ne font pas affez fermes pour être d'une longue durée; auffi ne s'avife-t-on pas de les employer dans les Edifices de conféquence.

Après être fortis de ces ténébres agréables, la premiere curiofité naturelle que nous ayons vue, a été la grotte du Chien. Elle eft, comme, tu peux le juger, mon cher, bien fermée à clef, & fans monnoye elle ne peut s'ouvrir, c'eft, comme je l'ai déja dit, une loi générale qui fait fondre l'argent des curieux dans le gouffet, comme le beurre à la poële, fi tu me permets l'expreffion.

L'endroit eft fort petit, à peine y peut-on tenir deux de front & debout. Les flambeaux s'éteignent dès qu'on les approche de la terre, le Chien que l'on y entend pendant quelques minutes, y tombe en fyncope, & périroit, fi on ne l'en reti-

L iij

roit à tems, mais dès que l'animal eſt mis dehors en liberté, ſa ſanté ſe rétablit inſenſiblement, il recouvre ſes forces ordinaires & reprend ſa gai- té, au point de croire que les impreſ- ſions facheuſes qu'il a éprouvées, n'ont affecté ſa machine que momen- tanément ſans en déranger l'écono- mie pour l'avenir. Ce que je ſuis en état de t'affirmer, c'eſt que je me ſuis enfermé dans cette grotte, que j'ai mis mon viſage contre les murailles, que je me ſuis couché ſur la terre, & que je n'ai ſenti qu'une chaleur médiocre, ſans éprouver aucune odeur, aucune exhalaiſon nuiſible *. Que les naturaliſtes s'exercent à pé- nétrer la cauſe de ces merveilles inconcevables :

> Pour moi bien convaincu
> Que notre individu
> Malgré ſon arrogance extrême,
> Ne peut ſoupçonner qu'à peu près
> Les Myſtères ſecrets,
> Dont a voulu l'Etre Suprême,

---

* Il eut ſans doute falu y reſter enfermé plus long-tems.

Mater notre altiére raifon ;
D'un œil foumis, je vois, j'admire ;
Sans vouloir, d'un fçavant délire
Me procurer le vain renom.

Tout près de la grotte du Chien ;
eft le Lac d'Agnano qui occupe,
dit-on, la place d'une Ville, anciennement détruite par un tremblement
de terre. On prétend que le Chien
trempé dans ce Lac, recouvre fes
forces fur le champ par la vertu de
cette eau. Pour moi je crois tout naturellement que le dégré de fraicheur
étant plus confidérable dans l'eau que
dans l'air, a en conféquence plus
d'action, & plus de puiffance pour
détruire les effets des exhalaifons de
la grotte.

Les étuves de *San Cermano* * ;
voifines du Lac dont je viens de parler, font curieufes par la chaleur
violente que l'on éprouve en fourant
les doigts dans des trous pratiqués
dans les murailles. Ces murs font tout
couverts d'un falpêtre nitreux & ful-

---

* Ou de Saint Janvier, felon d'autres.

L iv

phureux. On dit que ces étuves font un grand tort aux suppots du puissant Saint Côme, & épargnent aux infortunés qui les visitent, beaucoup de ce métal, ou minéral qui ne peut rester en repos, & furéte jusqu'à la moële *.

Ces curiosités vues, il nous a falu mettre en jeu nos jambes, qui jusques là n'avoient point rempli leur destination naturelle : nous avons abandonné notre boëte roulante, & nous avons gravi, le Soleil sur la tête, le Mont Oréano, dit maintenant la Solfatara, dont sortent des sources d'eaux bouillantes nommées *Picciatelli*. A peine arrivés sur la crête, non sans grande fatigue, il nous a falu redescendre avec encore plus de peine à travers les éclats de roc, jusques sur la plate forme qui est au centre de cette montagne.

Là se voyent trois bouches médiocres exhalant une violente va-

* Les rhumatisés, les sciastiques & asmatiques y trouvent un soulagement prompt & sensible.

peur fulphureufe. Ces efpeces de fou-
piraux d'Enfer font recouverts artiftement avec des téçons de thuilles,
auxquels s'attache un fel que l'on dit
fel nitreux. Cette vapeur noircit l'argent qu'on lui préfente , coule en
liqueur fur le fer , & defféche le
papier au point de le rendre caffant.
Belle matiére à barbouiller des Livres ! Toute cette montagne eft ex-
cavée en deffous de la plate forme
qui nous fupportait. Nous en avons
eu la certitude indubitable, au moyen
d'une petite expérience facile à faire,
& à réitérer, qui ne laiffe pas d'in-
quiéter le fpectateur. Elle confifte à
lancer de toutes fes forces, dans un
petit enfoncement de la platte forme fufdite , une pierre de la taille
d'un pavé à peu-près : alors il fe fait
un écho fourd , & un tremblement
fi fenfible , que l'on eft tenté de quitter auplutôt un plancher qui pourroit s'afaiffer en un clin d'œil. C'eft
alors qu'un peu du fyftême de la pré-
deftination eft d'un grand fecours.

La pierre de cette montagne cuite dans des fourneaux arrangés en
forme d'alambics , donne du foufphre

vif, j'en ai rapporté plusieurs morceaux. On tire aussi de l'alun & du
vitriol, par dépôt, dans de grandes
auges de pierres, construittes pour
cette précipitation.

De la Solfatara, nous sommes
redescendus à Pouzzoles, où un édifice antique, fort ruiné, qui portoit
le nom d'Amphitéâtre de Dioclétien,
nous a arretés pour quelques momens. Il ne nous a pas paru avoir été
bien vaste. C'est là où Saint Janvier
a été enfermé, dans le tems de la
persécution contre les Chrétiens. Ce
Saint, comme tu sçais sans doute, est
le Saint de Naples, par excellence :

> Son sang approché de son chef,
> En un certain jour de l'année,
> Doit bouillonner ; sans quoi, craignant quel-
> que méchef,
> La populace mutinée
> Se répand en tristes clameurs,
> Accuse son Saint d'indolence,
> L'Etre Suprême d'impuissance,
> Et prévoit les plus grands malheurs.

Depuis bien du tems, cet accident
n'arrive plus, & les Napolitains s'en-

retournent toujours chez eux con-
tents.

Janvier, devenu débonnaire,
Sans doute, aussi, redoutant la colere
De ce peuple fripon, vaurien,
Qui sans respect briserait bien
Et les phiolles, & la châsse,
Fait les choses de bonne grâce:
A l'instant prescrit, le sang bout,
Sans éprouver le moindre obstacle;
Et le Napolitain partout
Vante Janvier, en criant au miracle.

Près de l'Amphitéâtre dont je viens de parler, est un souterrain ruiné & peu curieux, que nos Cicérons nous ont donné pour le Temple de Neptune. Ce Dieu, autant qu'il nous a été permis d'en juger, étoit plus modeste dans son logement, que Monsieur Sérapis, dont le Temple jadis enseveli sous les cendres d'un vésuve, a été décomblé par les ordres du Roi de Naples.

Ce Temple étoit de forme quarrée, contenoit en ses côtés quarante deux chambres, destinées tant aux Prêtres, qu'aux bains & autres cérémonies.

L vj

au centre font encore quelques reftes d'un Autel affez grand & rond : tout étoit de marbre précieux , même le plancher , on y voit quatre ou cinq colonnes d'environ trente-cinq pieds de haut , belles encore quoiqu'alté- rées , & beaucoup d'autres renver- fées , brifées & rongées par la mer , qui montoit autrefois jufqu'à cet en- droit , & a inferé dans le marbre même des coquillages.

Comme la table de tous ces Dieux eft aujourd'hui fi mal fervie , qu'ils n'ont pas une cotelette à offrir aux étrangers qui viennent les vifiter , nous n'avons pas ofé entreprendre d'en voir un plus grand nombre , fans avoir pris des forces au préala- ble. Et quelques poulets froids , af- faifonnés par la faim , & arrofés d'un vin médiocrement bon , dans une au- berge , ou plutôt un gite de pêcheur , nous ont tenu lieu du repas le plus fplendide , en nous confervant ce- pendant affez leftes pour remplir nos projets de l'après midi.

Une petite barque à quatre ra- meurs , nous a porté vers Baïes , par un tems dont la férénité nous rendoit

la mer encore plus belle. Tout en
fillonnant l'Onde falée , un plaifir
nouveau s'eft offert à nous. C'eft celui de voir prendre par un marinier ,
entre fes dents une piéce de monnoie
jettée dans l'eau , & déja affez con-
fidérablement précipitée. Ces hommes amphibies , font tellement faits
à ce manége, qu'ils parieroient leur
tête. Un jeune marinier apparemment
encore novice , manqua fon coup &
perdit le Carlin que nous lui avions
jetté , cette maladreffe penfa lui attirer une correction vigoureufe de la
part de fon bon-homme de pere , qui
malgré la rigidité de fes fibres de
foixante dix-ans , mit fur le champ
vefte à bas , fe précipita pour en
prendre un fecond qu'il nous avoit
prié de lui jetter, & le rapporta fiére-
ment dans fa bouche , non fans regarder *Torvis oculis* fon benêt de fils ,
qu'il apoftrophait rudement. Ces
Meffieurs font tout étonnés de voir
que fans fatigue , celui qui ne fait
qu'ouvrir fa bourfe , fe laffe plus vite
qu'eux , & qu'ils ne peuvent faire
briller leur adreffe autant de fois
qu'ils le défireroient.

Dans ce trajet de Pouzzoles à Baïes, qui est très large, on voit encore des piles du pont, ou Môle, que Caligula avoit bâti, pour joindre ces deux endroits, ce pont avoit vingt-cinq arches, mais la plus-part sont écroulées dans la mer, & ne sont plus visibles. En cotoyant le rivage, on rencontre le Lac Lucrin, dont les huitres sont tant vantées, par le fin Horace ; je veux croire qu'elles étoient dignes d'être chantées par notre Poëte, mais aujourd'hui on n'en parle plus. Nous avons vû aussi le fameux Côteau de Falerne,

> Dont le jus si fin & si bon
> Tenait souvent lieu d'Apollon
> Au Pindare de l'Italie,
> Echauffait son vaste génie,
> Et fermentant en son cerveau
> Produisait ce sçavant délire,
> Que l'Hyppocrêne par son eau
> Etait inhabile à produire.

Le redoutable Lac Averne, ou nous avons mouillé le pied, ne nous a inspiré aucune crainte. Nous avons même osé gouter de cette eau infernale & nous l'avons trouvée douce & bonne. Les tems apportent tant de changement dans les chofes terreſtres, que l'on n'eſt point en droit de taxer légérement les anciens de menſonge, lorſque nous ne retrouvons plus aujourd'hui les objets tels qu'ils les ont décrits. Les bois qui autrefois obombroient ce Lac, en avoient peut-être corrompu les eaux, qui aujourd'hui diviſées par les rayons du Soleil, & par l'air plus actif, font devenues potables.

Le Palais de la fameuſe Sybille de Cumes, ſans être ſomptueux, n'a pas laiſſé de nous conſommer des momens. Cette Dame de ſi grand renom, logeoit dans une cave, ou ſouterrain, haut de neuf à dix-pieds & long de trois cens pas environ, ce premier appartement eſt flanqué de deux autres piéces quarrées, & réguliéres, dans l'une deſqu'elles étoient ſes bains. Et nous nous y ferions encore baignés malgré nous dans l'eau croupie, qui inonde le plancher, ſi des hommes vigoureux n'euſſent eu la complaiſance pour de l'argent, de nous y porter ſur leurs épaules. La

Princeffe devoit faire beaucoup de dépenfe en huile, car quant à nous, nous n'avons pu examiner fes appartemens qu'en brulant beaucoup de cire.

Monfieur Apollon auroit, fans contredit, eu à fon tour notre vifite, fi fa maifon eut été digne de nous recevoir, mais ce divin maçon eft fi pareffeux de rétablir fon bien, que nous nous fommes contentés d'en examiner les ruines de loin.

Comme dans tout ce canton, les Dieux font un peu mêlés avec les hommes, nous n'avons point été furpris de rencontrer les bains de Jules-Céfar : ces reftes ne nous ont préfenté rien de précieux ; l'eau en eft tiéde. Lorfque fur le bord de la mer on enfonce fes doigts de quelques lignes dans le fable de la Grêve, on éprouve une fenfation de chaleur confidérable, & cependant fi l'on touche l'eau de la mer, elle eft très froide. Je te laiffe, & à d'autres à réfoudre ce problême.

A deux pas de là font les anciens bains ou étuves de Tritoli, de ce monftre humain, dont le nom feul

eſt un opprobre , du cruel Néron.
Ceux d'eau froide ne nous ont pas
occupés long-tems , quant à ceux
d'eaux chaudes , ou plutôt de vapeur ,
il a falu plus de cérémonie.

Dabord nous nous ſommes défaits
De tout l'attirail incommode,
Qui doit un tribut à la mode ,
Et nous coute de ſi grands frais.
Dépouillés juſqu'à la ceinture
En l'état de pure nature ,
(Excepté certains pays Bas)
 A la lueur de flambeaux gras ,
Dans une ſinueuſe voûte,
De deux pieds au plus de largeur,
Nous avons ſuivi, non ſans peur ,
La gliſſante & trop chaude route
Qu'enfilait notre conducteur
Torche en main, la peau rembrunie ,
Tel qu'on nous peint l'ange trompeur ,
Ou quelque infernale furie.
Notre corps ployé décrivait
L'angle aigu, plus que le parfait ; *
Envain nous cherchions près de terre
Un faible rafraichiſſement ;

---

* Ou angle droit.

Dans ce fuffoquant atmofphére
Je crus voir mon dernier moment.
Cependant, marchait la lanterne ;
Honteux était de reculer ;
A force enfin de s'effoufler
Nous avons joint une ronde citerne
Qui vomiffait cette épaiffe vapeur,
Dont la merveilleufe chaleur
Nous faifait craindre pour la vie ;
D'y defcendre on n'eut pas envie,
Ainfi qu'on peut croître aifément :
Nous regagnâmes promptement
A quatre pattes, l'ouverture,
Sans être jaloux, je te jure,
De recommencer de nouveau.
L'eau qui coulait fur notre peau
Imbiba plus d'une ferviette.
Court fut notre raccoutrement,
Et crainte du faififfement
Nous dépêchâmes la toillette.

Cette eau eft fi chaude, que dans un fçeau qu'on en avoit empli & apporté à l'air, une douzaine d'œufs furent durcis en une minutte. Les mariniers ne vous laiffent jamais partir de Pouzzoles, fans vous prévenir de ce Phénomène, dont leur eftomach compte bien d'avance faire son profit. Mon compagnon de voyage, qui depuis quelques jours étoit travaillé d'une fluxion douloureuse, occasionnée par la maladresse d'un dentiste Napolitain, ne s'en est plus ressenti depuis ce bain de vapeur : expérience qui me porteroit à croire ce reméde excellent pour plusieurs autres incommodités de pareille nature.

Nous nous sommes rembarqués pour quelques instans, & en passant devant ce que l'on nomme le Château de Baïes, nous avons vû les vestiges, à peine existans, des Palais de Céfar, de Néron, & de Marius. Le fond de la batisse de tous ces édifices anciens, est une espéce de ciment mélé de briques entiéres, & recouvert de petites pierres taillées en Lozanges. Le revétissement du tout étoit de marbre, avant que le tems y eut imprimé sa faulx destructrice.

Plus loin nous avons mis pied à terre : Madame Vénus qui n'a jamais eu la cruauté de refuser les honnêtes-gens, a bien voulu nous donner le couvert dans son Palais, autrefois rond , mais maintenant demi circulaire, attendu l'écroulement de l'autre moitié , & fort effrayant par les lézardes , ou crévaffes qui féparent le refte actuel de la voûte.

Tu devines bien que la revétiffure de marbre n'éxifte pas plus maintenant dans ces Palais des divinités , que dans ceux des Empereurs , car le vieux Saturne ne refpecte pas plus les uns , que les autres.

Le fol de l'enceinte & des environs du Palais de la Déeffe , eft occupé par des figuiers dont les fruits doivent être bien fucculents , s'ils fe reffentent de la chaleur du tempérament de la maitreffe du logis : nous n'avons pu juger de leur qualité , primo parce qu'ils n'étoient pas murs, & en fecond lieu parce qu'il n'eft pas prudent de toucher aux biens des gens de ce pays , fans leur permiffion.

Mercure , comme de raifon , loge tout près de la belle Vénus. Les appartemens de ce Dieu commode , devoient être jadis affez beaux , aujourd'hui ils font inondés , & pour y entrer , il nous a falu être portés fur les épaules. Nous avons vu un falon, aparemment falon de compagnie, de forme ronde, qui n'eft point encore tout à fait dégradé; l'art avec lequel il eft conftruit, nous a fait juger de l'aftuce de ce Dieu qui pour mieux découvrir les fecrets, a fait enforte, que tel bas que l'on parle contre une des murailles, on eft entendu à l'endroit diamétralement oppofé.

Tout près de ce Temple eft celui de Diane la chafte, qui, par parenthèfe, fe trouvoit là en affez mauvaife compagnie. Cochin dans fon voyage d'Italie, prétend que c'eft le Temple de Neptune : que cela foit, ou non, cela ne fait rien à l'affaire. Les fenêtres font à voûte furbaiffée, ce que nous n'avions point encore vu dans aucun. Il n'eft pas en meilleur état que les autres, & tous ces Dieux n'ayant pas le moyen de rétablir leurs logemens, ont fait très prudemment de dénicher, car ils gagneroient infailliblement des rhumes, par l'intempérie de l'air qui y entre de tous côtés.

A Bauli, on nous a fait entrer dans un fouterrain peu exhauffé, vouté de

belles pierres de marbre très exactement jointes & décorées d'Ornemens fculptés avec une extréme délicateffe , autant que l'on en peut juger à travers la teinte noire , qu'y ont
imprimée les flambeaux , dont on eft
obligé de fe fervir , par leur épaiffe
fumée. Il me femble que l'on nous
a donné ce fouterrain pour le tombeau d'Agrippine, je le veux croire
fans difputer. Auprès font quelques
veftiges d'autres tombeaux crevés &
à jour qui ne méritent pas beaucoup
de s'y arrêter.

Mais un peu plus loin eft un morceau vraiment digne de la curiofité :
c'eft une citerne conftruite, dit-on,
par les ordres d'Agrippine, & deftinée à contenir de l'eau douce ame-
née d'une montagne voifine, pour
abreuver toute une flotte Romaine.
Ce magnifique fouterrain , haut d'environ vingt-cinq pieds , eft vouté
parfaitement, & foutenu par quarante huit piles quarrées, encore très-
faines & entieres. Le fond de la bâtiffe eft de brique revêtue d'un ciment inaltérable & fi dur qu'à force
de bras armés de pavés , à peine

avons nous pu en éclatter un foible morceau pour l'emporter. On prétend que ce ciment eſt compoſé de chaux, de poudre de marbre & de blanc d'œuf. Si cela eſt, cette idée vient probablement de quelque chef d'office de l'Impératrice qui en faiſant ſes macarons, a crû trouver dans le blanc d'œuf une vertu aſtringente digne de faire l'admiration des ſiécles reculés.

Au ſortir de ce réſervoir remarquable, nous nous ſommes promenés tout à notre aiſe dans les champs Eliſiens, peu vaſtes, & nous n'y avons pas rencontré la plus petite ame de héros, ni d'auteur. Peut-être par la métempſicoſe ſe ſont elles incruſtées dans les ſeps de vigne & les arbuſtes dont ce terrain eſt planté. Nos yeux ont apperçu en différens endroits des pots de terre mi-en fouis & briſés, où l'on dit que les cultivateurs modernes ont trouvé des tréſors antiques : tant mieux pour ces bonnes gens.

Au pied de l'Elizée eſt l'Achéron jadis fleuve & lac aujourd'hui, qui , si bien m'en souviens , n'est pas plus redoutable que l'Averne.

A quelque distance on nous a fait descendre dans ces tristes lieux ,

> Où tant d'innocens enchainés
> Par ce tyran d'exécrable mémoire
> Dont rougit la Romaine histoire,
> S'estimérent trop fortunés
> De sortir enfin de la vie ,
> Et se soustraire à tant de barbarie.

Ces souterrains trop bien bâtis contiennent cent cachots , où le cruel Néron faisoit périr ceux qui par leur probité lui devenoient à charge comme censeurs de tous ses débordemens.

A notre retour de cette promenade agréable , nous avons visité près de Naples les bains de Tiguli , qui sont depuis long-tems abandonnés , par la raison que leurs eaux chaudes & salutaires ont été altérées par celles de la mer, que les suppôts d'Hypocrates y ont, si l'on en croit les discours populaires, introduites à dessein , pour contraindre les malades a

en

[265]

en paſſer par les ordonnances de la faculté. Ces Meſſieurs pourroient bien en être capables ; je ne les crois pas plus vrais patriotes & amis de l'humanité , que ceux de notre pays.

Le lendemain a été conſacré à rendre une viſite moins courte à un ſimple mortel qui méritoit plus un temple , que toutes ces folles divinités , dont la puiſſance imaginaire ne réſidoit que dans les cervelles imbéciles , ou intéreſſées à entretenir la ſuperſtition frauduleuſe.

Ce mortel eſt l'aimable Virgile , dont le tombeau ſe trouve ſitué au haut de la montagne Pauſilipe. Nous nous étions imaginés que ce tombeau devoit être entretenu avec ſoin par un Monarque curieux , qui ne peut ignorer les ouvrages immortels de ce Poëte.

> Mais nous vîmes avec douleur,
> Que les cendres de ce grand homme
> Dont le génie illuſtra Rome
> Sont au pouvoir d'un laboureur,
> Qui , par état , nourri dans l'ignorance ,
> Laiſſe périr ce tombeau précieux
> Dont le Monarque de la France,

S'il le tenait en fa puiffance,
Serait jaloux & glorieux.
La dent de Saturne le vieux
Qui toujours, & grignote & mine,
Or, marbre, fer, & cetera,
Tant a grignotté ce lieu là,
Que ce n'eft plus qu'une ruine
Qui, fous quelque tems croulera,
Peut-être même écráfera
Quelque citoyen du Permeffe
Venant avec dévotion
Demander au divin Maron
Elégance & délicateffe.

Ce Tombeau eft une voute dont
le terrain peut contenir neuf à dix
pieds quarrés de furface ; quoique les
murailles foient dégradées , nous
avons vû encore plufieurs petites
niches à raze-terre , ou probablement
étoient des lampes fepulchrales. L'extérieur de cette voute eft encore bien
plus endommagé que le dedans ,
d'autant plus que par amour pour ce
Poëte charmant, il ne fe trouve aucun de fes admirateurs, qui ne s'efforce de grimper fur le fommet, pour
y cueillir quelques feuilles d'un l'au-
rier, qui y vegete à plaifir , & felon

la tradition du pays, s'accroit d'avantage, plus on le dépouille, le tout par
honneur pour ce grand-homme. J'ai
été des plus empreſſés à me procurer
de telles reliques, qui en valent beaucoup d'autres, d'eſpéce différente.

Si le Docte Maron, n'avait pas les
yeux auſſi fortement clos, que le plus
ignorant alors qu'il eſt trépaſſé, il
auroit le chagrin de voir à quelque pas
de chez-lui un tombeau élégant,
bien conſervé, orné de ſtatues de
marbre, qui cependant ne renferme
pas des cendres auſſi prétieuſes : ce
ſont celles du Poëte Sannazar, pour
leſquelles des Religieux Servites ont
fait cette dépenſe remarquable. Il eſt
vrai que ce Sannazar paſſe pour un
de leurs bienfaiteurs, mais cette raiſon n'eſt pas toujours ſuffiſante, pour
exciter la reconnoiſſance de Moines
à un certain dégré.

Tu ne doutes pas mon cher, de la
ſatisfaction avec laquelle nous avons
rentré dans notre belle Ville de Naples, pour nous y refaire de nos a-
gréables fatigues de cette journée,
& pour y conſacrer ſur le papier, le
ſouvenir de tant de choſes intéreſ-

fantes. Nous avions d'autant plus béfoin de repos, que le lendemain étoit
deftiné à des travaux encore plus pénibles.

Ce jour treize-Juin, a été l'époque
de notre courage & de notre intrépidité. Impatientés de voir que depuis notre arrivée à Naples, le Mont-
Véfuve ne vouloit point dégarnir fa
tête, des fumées épaiffes & des vapeurs, qui l'environnoient, aulieu de
s'élever en droite ligne, comme il
arrive lorfque le tems eft férain &
calme, ce qui permet bien mieux aux
curieux de fatisfaire leur paffion, nous
prîmes le parti d'y monter, & de
l'aller voir tel qu'il étoit, fans attendre plus long-tems fa complaifance trop incertaine.

Les provifions de bouche amplement faites pour cette journée pénible, & arrangées dans notre équipage ordinaire, nous gagnâmes par
un très beau-tems, la Ville ditte Portici, qui touche prefque un des fauxbourgs de Naples. Là, ânes & mulets
nous ont civilement offert leurs dos
pour nous aider à entamer la montagne, il eut été imprudent à nous de

les refuſer : le pain qui manquoit à
notre convoi , fut acheté audit lieu
de Portici , comme le plus excellent
de toute l'Italie , & ce n'eſt pas ſans
raiſon qu'il jouit de cette réputation.
Un gros flacon ventru de bon vin du
pays , fut auſſi ajouté comme choſe
ce jour là indiſpenſable pour rafraichir nos trachées-artéres , qui juſqu'alors n'avoient été imbibées preſque toujours que par l'élement deſtiné aux poiſſons. Après quoi nous
avons...

Chacun huché modeſtement

Sur les vertébres peu charnues

De l'animal * , qui , dans les rues

De Sion , voitura le ſauveur triomphant,

Gravi pendant une heure entiere

De durs ſentiers où la tranchante pierre

A chaque pas fait broncher le baudet ,

Et peut vous rompre le cou net :

Mais cette terre raboteuſe

Dont le fond de ſouffre eſt paitri,

Produit la liqueur prétieuſe

Qu'on nomme Lachrima Chriſti,

Et dont notre gorge altérée

Fut, plus d'une fois, reſtaurée.

---

* Par âne il faut entendre auſſi un mulet.

Nos mulets, [je puis me servir de ce terme, car il y en avait un] nous ayant fait observer que leur usage, & leur puissance ne leur permettaient pas de pousser plus loin, nous les avons donnés en garde à leurs maîtres jusqu'à·notre retour. Alors nous avons changé d'allûre : deux vigoureux montagnards, jambes nues, armés à la ceinture d'une large & épaisse laniére de cuir, se sont présentés à chacun de nous, l'un à droite, l'autre à gauche, pour que chacune de nos mains travaillat & put saisir fortement une de ces ceintures, à l'aide desquelles ces gaillards nerveux nous tirant en avant, nous avons entrepris la route la plus difficile, que mortel puisse tracer. Plus on avance, plus la pente du mont devient perpendiculaire, la cendre de la lave du vésuve est une espéce de mâche-fer qu'on broie sous les pieds, & qui n'ayant point assez de solidité pour résister à la pression, ou s'écrase & remplit les souliers, & vous met à la longue, les pieds en sang, ou bien roulant sous les pieds, vous fait reculer au-lieu d'avancer. Tel est, mon cher,

le chemin qu'il nous a falu franchir :
notre courage ne nous a point abandonnés , nous avons labouré de toutes
nos forces , nous faifions il eft vrai
de fréquentes ftations , mais de courte
durée , fans quoi des brouillards épais
& glaçans qui s'exhalent du milieu
de la colline , & tendent au fommet,
nous prenant par le dos, nous auroient indubitablement gelé la fueur
fur le corps , & fait préfent de quelque fluxion de poitrine bien condi-
tionnée , qui eut privé notre Pafteur
légitime du proffit de notre cadavre.

L'action violente de nos pieds ,
n'a pas empêché pendant l'efpace
d'une grande-heure que nous fentif-
fions la fraicheur du fol , mais en un
inftant cette température changea ,
& fut annoncée par plufieurs petites
ouvertures fumantes que nous rencontrâmes ; depuis ce moment, plus
nous avons aproché du fommet du
mont & plus la chaleur s'eft manifef-
tée , au point que nos pieds en euffent
été endommagés , fi nous étions reftés
une minute à la même place. Enfin
après avoir gravi fur ce fable brulant
pendant une demie-heure , nous nous

fommes trouvés fur la crête de la montagne , qui forme comme les lé-vres de la grande-bouche du Volcan.

Arrivés à ce point , notre premier mouvement fut de nous retourner pour mefurer des yeux le chemin pé-nible que nous venions de faire : le Soleil parût un inftant, diffipa un peu les brouillards , & nous vîmes ,

Non fans quelque terreur fecrette,
Ces triftes & larges fillons
De matiere aride , imparfaite ,
Par qui des plus prochains vallons
On voit la richeffe abîmée,
Lorfque la vapeur enflammée
Du fouffre trop long-tems contraint,
S'élançant du chaud fouterrain ,
Fait enfin crever la montagne
Qui tremble dans fes fondemens.
Au bruit affreux qui l'accompagne
Naples en pleurs , par fes gémiffemens,
De l'Eternel invoque la clémence ,
Et croit toucher à fes derniers inftans,
La flamme , cependant , double fa violence,
Vulcain par fes efforts puiffans
Fait voler en éclat des roches prefque en-
tieres ,
Et d'un fleuve brûlant de diverfes matieres

Que son activité liquéfie & dissout,
Coulent au loin les ondes dévorantes :
    Rien ne peut l'arréter : partout
    Il se fait jour : les collines brillantes
Sous une croûte épaisse (amas que l'air durcit)
Voyent ensevelir & leurs fleurs & leur fruit.
    Jusques au sein de Thétis même
    Ce torrent porte la terreur ;
Et Neptune étonné, se gonflant de fureur,
Est contraint de s'enfuir en ce péril extrême.

La largeur de ces riviéres figées nous surprit, on nous montra les laves effraiantes qu'a vomies ce mont en différents tems. Elles sont à peu de chose près assez semblables ; mais il est bon d'observer que cette croûte ou espéce de mache-fer , qui a si mal accomodé nos chaussures, n'est que la fin du vomissement. Car la vraie lave composée de métaux, minéraux , & cailloux mis en fusion, est enfoncée de huit à dix-pieds, même trente & quarante , plus ou moins en terre, ou elle a aquis la solidité du marbre. Cette espéce de congellation ne reste point inutile; les Napolitains tirant le meilleur parti possible de leur malheur même, la font casser pour en com-

poſer des chambranles de cheminée,
des tabatiéres & autres ouvrages, qui
acquerent un prix par le poli qu'on
leur donne. On s'en ſert auſſi pour
paver quelques endroits de la Ville.

Laſſés de voir ces fleuves de dé-
ſolation, nous cherchions à découvrir quelques objets au fond de la
grande-bouche du véſuve, mais la
fumée qu'il exhale, par ſon épaiſſeur
& ſa direction preſque horiſontale
alors, rempliſſoit toute cette grande
cavité. Nos conducteurs nous répé-
toient ſans ceſſe que toutes les fois
que le vent ſouffloit ainſi, l'on ne
pouvoit rien appercevoir de plus, &
moi peu convaincu par leur affirma-
tive, & fort peu content de m'être
donné tant de peine ſans en tirer le
fruit que je m'en étois promis, je
concluois que leur pareſſe leur dic-
toit cet avis, dont il étoit à moi permis d'appeller comme d'abus. Im-
patienté à la fin, je fis en moi-même
un petit raiſonnement phyſique, par
lequel je me perſuadai que ſi je pou-
vois prendre le deſſus du vent, il ne
ſe pourroit pas alors qu'il n'y eut des
intervales plus calmes pendant leſ-

quels je pourrois découvrir quelque chose. Mais la besogne étoit rude, le soufre durci rendoit le talus fort glissant, la fumée abondante poussée par le vent m'aveugloit, & par son odeur forte, me coupoit la respiration, au point que la crainte d'être suffoqué pensa me faire rétrograder : cependant étayé de l'amour propre & de la curiosité, je continuai ma route, tantôt en marchant sur les mains, ainsi que sur les pieds, tantôt avançant à reculons, & toujours mon mouchoir sur ma bouche & sur mes narines : mon intrépidité fit effet sur mon camarade, il vit que j'avançais, & risqua le paquet, mais accompagné d'un de nos *Fachini* qui craignant plus que les autres de se voir privé de la *Buona Mano* à laqu'el'e il s'attendoit, voulut bien se donner la peine de nous suivre. Il nous fut plus d'une fois d'un grand secours pour nous empécher de perdre l'équilibre, nous cheminâmes ainsi pendant une bonne demie-heure, après laquelle nous nous trouvâmes au point où nous désirions d'être, & nous vîmes fort à notre aise, dans les mo-

mens d'intervale d'une bouffée de vent
à l'autre, ce grand trou fait en forme
d'entonnoir, au fond duquel est une
platte-forme assez grande, percée de
plusieurs bouches à feu. Nous-y se-
rions volontiers descendus si la fumée
trop continuelle & trop abondante,
ne nous eut retenus. Nous avons prudemment préferé de nous passer de
voir de si près des trous où l'on ne
distingue rien, & de ne pas exposer
deux *M.........* à périr par le souf-
fre, comme de nouveaux Empé-
docles, dût notre nom être consacré
dans les fastes de l'Histoire. Nous
nous sommes contentés de poursuivre
notre route toujours sur la crête de
la montagne, fendue en plusieurs endroits qu'il nous a falu sauter, & ou
nos pieds ont éprouvé une chaleur
assez vive, & nous sommes enfin revenus au point d'où nous étions partis, après avoir décrit le cercle entier.

Si, de ce point on découvre des
objets effrayans, on en est bien dédommagé par le nombre des tableaux
agréables, que la mer, les côteaux, &
la Ville même de Naples, offrent à
la vue.

Après un examen long & avide de toutes ces beautés naturelles, la crainte de nous laisser glacer par les vapeurs nitreuses de la montagne, nous a déterminés à regagner le plus promptement possible l'endroit indiqué pour la halte, & appuyés chacun d'une main sur l'épaule d'un de nos conducteurs, nous sommes descendus en courant plus que nous ne voulions sur ce sable de fer, qui nous fatiguoit excessivement, & souvent réceloit des cailloux plus durs que nos pieds, dont par une conséquence nécessaire, ces derniers se trouverent très molestés & meurtris.

Telle vitesse que nous ayons employée à descendre, nous avons mis une heure à nous rendre au lieu de la halte.

Là, après avoir purgé nos chaussures de la quantité considérable du mache-fer qui les avoit remplies, nous avons promptement quitté nos chemises qui faisoient ruisseler la sueur, & nous avons taché par une toilette de santé, faite *sub dio* d'éviter la maladie.

Un autre soin, non moins important a fuccédé à ce premier, c'étoit de réparer les pertes de fubftance que la fatigue exceffive nous avait occafionnées. On ne vacqua point avec indolence à ce dernier emploi : notre repas champêtre fe trouva fervi avec bien plus d'élegance que nous n'avions eu deffein d'y en mettre : une nape bien blanche étendue avec foin fur des quartiers de roc, & garnie de fleurs, d'une falliére, de raves, d'œufs-frais, nous furprit ; nous dûmes ces galanteries au vénérable frere Claude, Hermite,

> Qui, fuivant fa confeffion,
> Las du dur métier de la guerre
> Où l'on ne gagne que miſére,
> Et fouvent plus d'un horion,
> A changé de profeffion
> Et depuis quelques vingt années
> Formé la réfolution
> De terminer fes deftinées,
> Dans un folitaire réduit,
> Voifin du danger & du bruit
> Que produit ce volcan mauffade
> Lorfqu'il entre dans fa boutade.
> Or, eft-il pourtant que ce lieu
> Où loge notre bon Hermite,

Par la nature de son site,

Est presque inaccessible au feu

Que vomit le Mont Colérique.

Tout homme (ainsi qu'il se pratique)

A soin de son individu,

Et ce soin est bien entendu.

Pourtant du tremblement de terre

Je ne garantirais le frere;

Mais, comme dit un adage, très-bien;

Qui rien ne veut risquer, n'a rien.

Ce danger apparent en est plus profitable

Et meut à la compassion

Plus d'un citoyen charitable,

Par le péril , jugéant de la dévotion.

Ce vieillard s'est établi concierge du Vésuve , & s'est arrogé un droit sur la bourse de tous les étrangers qui y montent. On ne peut , il est vrai , la couper avec plus de grace & de finesse. Son pain fort bon, ses raves, ses œufs , son vin choisi qu'il vous offre avec un air de générosité peu commune, font des filets dont on ne peut se tirer sans y laisser quelques plumes.

Nos provisions furent donc mises en commun , le repas fut des plus gai, le folitaire nous conta d'abord fes fables arrangées à fa guife, nous remonta aux guerres anciennes où il avait, difoit-il, payé de fa perfonne, & pût nous mentir tout à fon aife fans que nous fuffions en état de le contredire. Il nous fit l'Hiftoire de ce Volcan redoutable, dont on comptoit vingt-cinq éruptions au moins, la premiere defquelles s'étoit faite l'an 79. de Jefus-Chrift, avoit ruiné Héraclée, dont le Théâtre avoit été enterré & couvert de quarante à cinquante pieds de lave. La derniére étoit arrivée à la fin de l'année 1760. Nous fablâmes maintes rafades reftaurantes, & après avoir fait droit amplement fur tous nos mets, & remercié notre hôte Barbu, tant en monnoye qu'en paroles, nous nous fommes rafourchés fur nos bêtes bâtées, qui nous ont reporté *Piano Piano* jufqu'à Portici, où nous avons payé très cher felon nous, & très peu felon eux, & gens & bêtes, & où j'ai été fort aife d'être délivré de ma felle maudite dont la groffeur écarteloit fon homme d'une terrible maniére.

Malgré notre laffitude extrême ;

nous n'avons ,point quitté Portici ,
fans voir toutes les curiofités qui y
font contenues : nous fommes defcendus dans les fouilles d'Herculanum , cette Ville anciennement abi-
mée fous les cendres du Véfuve , &
fur laquelle eft conftruite en partie
celle de Portici. On nous a montré
une portion confidérable d'un magnifique Amphitéâtre , très entiere &
très faine , qui étoit couverte , avant
la fouille, de quarante-pieds au moins
de lave, ou de cendres. Cet ouvrage fe
trouve éclairé par une ouverture ronde & fort large en forme de puits ,
mais cette lumiére eft infuffifante , &
l'on eft obligé d'avoir en outre re-
cours aux flambeaux.

A deux pas de là , on fouilloit une
maifon dans laquelle nous fommes
defcendus , nous n'y avons vû que
quelques murailles encore peintes,
& un .petit Autel domeftique qui
tomboit en ruine.

Le nombre des Galériens qui travaillent dans ces fouterrains obfcurs ,
le bruit des chaines qu'ils traînent à
leurs pieds, la lueur foible des tor-
ches fumantes, tout ne nous peignoit

pas mal les enfers & le tartare des
Poëtes, & nous fit défirer de quitter
ce lieu de tristesse pour nous rendre
à la lumiére des Cieux.

Pour nous dédommager du spectacle précédent, nous avons visité
l'Habitation de campagne d'un des
Miniſtres de la Cour de Naples, appellé *il ſignor Caravita* : le jardin en
fait le principal mérite, c'est la mer
qui fait le point de perſpective de
l'allée principale. Le parterre eſt
deſſiné avec des corbeilles de fayance
colorée & autres ornemens ſin-
guliers; les allées ne ſont point ſa-
blées, mais couvertes d'une croûte
très dure de ſalpêtre ou maſtic bien
nivelé : les charmilles de cyprès, les
vaſes contenant des citronniers &
placés au devant deſdites charmilles,
les gaines ſurmontées des buſtes des
Philoſophes fameux & des grands
hommes de l'antiquité, eſpaſſées alternativement avec les vaſes dont je
viens de parler, ſembloient nous
tranſporter dans ces ſiecles écoulés,
& nous placer au milieu de ces mortels ſi chantés, dont le nom ſeul fait
aujourd'hui l'éloge.

[283]

Je croyais voir le docte Mecénas
Ce favori simple, sans arrogance,
Qui bien que grand sçavait tant faire cas
Du Sçavant & de la Science.
Près de lui, l'élégant Maron,
Chantant avec un ton timide
Quelques beaux vers de l'Enéide,
(Ouvrage digne d'Apollon)
Horace en main tenant la Lyre,
Et par ces vers sublimes. ou malins,
Suivant le feu qui le guide & l'inspire,
Chantant les Dieux, corrigeant les humains:

J'y voyois encore beaucoup d'autres grands génies, mais le tems qui nous pressoit me fit abandonner cette illustre compagnie, pour voir plus réellement des curiosités sans nombre, rassemblées dans le Muséum qu'a fait construire le Roi de Naples pour conserver & étaler aux yeux des Sçavans toutes les choses prétieuses trouvées dans les fouilles d'Herculanum.

Colonnes, Statues, Bustes antiques en marbre & bronze, ustanciles propre aux sacrifices, aux bains, même à la cuisine, serrurerie de toute espéce, lampadaires de plusieurs formes, maſques pour les Acteurs des Comédies de ce tems, pierres prétieuſes gravées & non gravées, parquets en moſaïque & en marbres de rapports, matiéres ouvrées & à ouvrer, liqueurs, grains, fruits, nourritures conſervées par le déſechement de leurs parties, nombre de rouleaux du *Papirus* des anciens, les uns brûlés, les autres demi conſommés, quelques autres recollés ſur toille par l'art incroyable d'un Religieux, qui au moyen d'une machine ſçavante, les met en état d'être lus, tableaux en grande quantité dont l'exécution ne paroit pas à la vérité répondre à la perfection de celle des autres Arts. Voila le précis des raretés renfermées dans cette magnifique gallerie; je ne penſe pas, mon cher, que tu attendes de moi le détail de ces beautés piéce par piéce; il m'auroit falu des années d'examen, & maintenant des volumes d'impreſſion pour te pouvoir ſatisfaire, je t'exhorte bien plus tôt à les aller admirer ſur les lieux.

Quant au Palais qui recéle toutes ces choſes, il n'eſt point achevé. Les appartemens font bien meublés fans trop de richeffe, excepté un falon qui, je crois, eft un morceau unique dans fon efpéce.

Tout y eft de porcelaine, paneaux réchampis en filets d'or fur les murailles, guirlandes légérement travaillées, appliquées fur les glaces, ornemens en fleurs & animaux, bas-reliefs bien exécutés, beau candélabre ingénieufement compofé & groupé d'animaux & fleurs avec branchages. Le plafond feul n'eft pas de porcelaine, mais il l'imite parfaitement par l'art de celui qui l'a peint. Je n'ai vu rien de plus fingulier & en même tems de plus agréable que ce cabinet.

Plus près de Naples, le Roi a encore un Palais plus vafte que ce dernier, mais encore moins près d'être terminé. On le nomme *Palazzo di-capo di-Monte*, tu entends affez l'Italien pour deviner que cela veut dire qu'il eft fur le fommet d'une montagne. On ne trouve aucun meuble dans les appartemens, mais on eft bien dédommagé par les tableaux des plus grands Maîtres, qui en couvrent les murailles, le nombre en eſt infini.

Beaucoup d'autres morceaux curieux d'une autre éſpéce attirent l'attention, tels ſont des machines magnifiques de phiſique, des pendules à mouvemens compliqués & ſingulierement hiſtoriées, des morceaux de criſtal de roche d'une maſſe ſurprenante, une collection prétieuſe de Médailles, un livre d'heures orné de miniatures très-belles, une ſoucoupe d'agathe travaillée en basreliefs, d'une largeur peu commune & peutêtre unique.

Il n'y a que deux ou trois ans que toutes ces beautés ſont miſes en ordre, & tirées hors des caiſſes qui contenoient les effets recueillis par le Roi dans la ſucceſſion d'Alexandre Farneze Duc de Parme; c'eſt ce qui fait que Cochin n'en a point parlé dans ſon voyage pittoreſque d'Italie. Ce Palais a un parc d'une étendue médiocre, mais bien entretenu; le Roi y prend le plaiſir de la chaſſe dans le bois qui juſqu'apréſent n'eſt que taillis.

Au ſortir de chez le Roi, il faut

que je te méne dans un cloître , c'eſt celui des Chartreux , ſa poſition eſt bien ſupérieure à celle de *Capo di-Monte*.

La Chartreuſe de Naples voiſine du Château Saint Elme, domine la Ville entiere & tous les environs. Cet endroit eſt trop délicieux pour des Moines; ils ont tant de terrain & ſur terre & ſur mer pour promener leurs yeux, que ce ſeroit envain qu'on leur permettroit de faire uſage de leurs jambes. Pour apprétier cet endroit il faut néceſſairement l'avoir vu, & toute deſcription eſt impuiſ-ſante.

La richeſſe du ſite n'interdit point celle des meubles, & ces bonnes gens poſſédent en tableaux rares, en vaſes, tabernacles, où l'or, l'argent & les pierreries ſe diſputent le rang, de quoi enrichir nombre de citoyens qui en tireroient un profit plus réel.

On ne peut ſe laſſer du ſpectacle que la nature préſente de tous les cô-tés, & pour y ſéjourner plus de tems, nous aurions volontiers accepté le dîner qu'ils nous ont offert de la meilleure graçe, ſi nos arrangemens particuliers ne s'y fuſſent oppoſés. Nous avons terminé toutes nos grandes fatigues, & eſcarpemens par la viſite des Catacombes, dites de St. Gennariel, ou Janvier.

Tu n'ignores pas, mon cher, que c'eſt là où ſe réfugioient les Chrétiens dans le tems des perſécutions. Ces ſouterrains ſont ſur le chemin de *Capo di-Monte*, on ne peut ſe laſſer d'admirer la grandeur, la hauteur, la profondeur de ces ſouterrains creuſés dans la montagne même, portant trois étages l'un ſur l'autre, & où ſans le ſecours d'un Guide, on ſeroit promptement égaré. On y diſtingue très-parfaitement les ſalles d'aſſemblée, les anciens Autels, les Chaires pour inſtruire la multitude, mais l'on ne peut deviner comment ces excavations ont pu être vuidées des matériaux ſuperflus ſans que l'on s'en ſoit apperçu.

Le nombre des tombeaux creuſés dans les murailles, eſt prodigieux.

> Nous avons vu les reſtes prétieux
> De ces Héros, dont la foi vive
> Préferait ces lugubres lieux
> Aux Palais les plus radieux,

A

Aux attraits d'une vie oisive ;
Et qui d'une âme peu craintive,
Affrontant les tourmens cruels
Que l'impiété leur prépare,
Forçaient le cœur dur & barbare,
De ces Empereurs criminels,
Du sang Chrétien si fort avides,
Malgré leurs fureurs homicides,
D'admirer ces braves Soldats,
Qui par une force inouie
Pour leur Dieu prodiguant leur vie,
Trouvaient des douceurs au trépas.

Nos desirs une fois remplis sur les curiosités extérieures de Naples, nous nous sommes reposés de nos fatigues, en en prenant de nouvelles dans la Ville même. Nous avons visité les Eglises, qui font belles en général. Celle des RR. PP. soi-disant Compagnons de Jésus, est comme presque partout ailleurs, la plus magnifique, & annonce leur zèle si connu pour la décoration du Temple du Seigneur. Ils n'ont point oublié sa divine Mere ; elle est, il est vrai, hors de l'habitation, mais elle se trouve en bon air & colloquée au haut d'une aiguille à trois faces chargée d'ornemens rap-

portés en marbres de différentes couleurs, les uns fur les autres. Cette
aiguille embellit un *Viacroce* en face
de l'Eglife, mais fi la Madone eft de
bon goût, elle ne doit pas être fort
fatisfaite de l'architecture de fa pyra-
mide qui eft hétéroclite, & fait regretter aux connoiffeurs une dépenfe
exceffive fi mal employée.

Le Saint Efprit a une demeure
dont l'architecture noble & fimple
m'a fait un vrai plaifir, ce temple feroit beaucoup plus beau, s'il étoit en
fon entier, mais la moitié de fa longueur lui a été enlevée par des No-
nes qui ont plaidé, dit-on, le Saint
Efprit, & l'ont fait même condamner
juridiquement.

L'Eglife des béguines de Sainte
Claire eft fi riche en dorure qu'elle
en eft déplaifante, des tribunes bom-
bées en balcons, grillées, dorées,
regnant des deux côtés de la nef,
joint au refte de la décoration, donnent au total un air de théâtre dé-
placé en cet endroit.

Quant aux tableaux, les Guides,
les Jordans, les Solimeni & les Lan-
franc, les Dominiquain, les Schidoué,

les Lefpagnolet & autres excellens
Maîtres ne manquent point dans cette
grande Ville, & les amateurs ont
amplement de quoi paffer leur tems
agréablement. J'oubliois de te parler
de l'Eglife des Carmes, où nous
avons entendu un Salut, honoré,
s'ils eft permis de parler ainfi, par
la préfence du jeune Roi de Naples. C'eft un jeune homme de onze
ans environ, affez bien fait, délicat
& ayant le teint affez pâle. Sa Cour
confiftoit en trois, ou quatre Gouver-
neurs, ou Confeillers du Confeil que
fon pere a nommés auprès de lui avant
de partir pour prendre poffeffion du
Thrône d'Efpagne. Son train & fes
équipages font nobles & décens fans
fuperfluités. Je ne fçais fi notre ado-
lefcent a pris plus de goût pour cette
Eglife que pour toute autre, parce
qu'elle poffede un Crucifix de grandeur naturelle, qui a eu la prudence
de baiffer la tête pour éviter un boulet de canon, qui fans cela, la lui auroit probablement enlevée de deffus
les épaules. Il m'a été impoffible de
fçavoir en quelle circonftance cet
événement remarquable eft arrivé,

N ij

mais les plus incrédules n'en pourroient raifonnablement douter , car
on voit fur une étoffe tendue derriere , la marque de la route de ce
boulet infolent, qui n'avoit pas eu la
politeffe de fe détourner , comme il
étoit de fon devoir.

Il eft tems fans doute de te donner quelque détail de cette Ville dont
je ne parle jamais fans éloge, il faudroit être de bien mauvais goût ou
plutôt en être dépourvu, pour la voir
avec indifférence. Située dans fa partie baffe fur le bord de la mer qui la
baigne circulairement, elle jouit par
ce moyen de différens afpects fur cet
élément , qui tous font des plus magnifiques. La partie haute élevée en
amphitéâtre étend fes regards plus
au loin , & vue elle-même réciproquement, embellit de beaucoup ce
tableau. La jettée du port bien bâtie,
bien pavé, forme une promenade
charmante où les équipages abondent
& aménent les gens diftingués qui y
compofent une affemblée élégante.

Naples a trois Châteaux qui tous
méritent d'être vifités, foit à caufe
de leur fituation, foit à caufe de leur
conftruction.

Ses rues font pour la plupart bien alignées, droites & larges, elles font pavées de grandes pierres brunes folidement appuyées & nivelées, qui rendent le marcher facile. Les maifons folidement bâties, ni trop hautes, ni trop peu élevées, furmontées de terraffes fans toît apparent, & tenues, crépies, ou peintes de blanc, donnent beaucoup de gaité à la Ville; ce n'eft pas que l'ufage de faire des balcons avec cette pierre brune fans lui donner d'autre couleur, ne m'ait femblé diminuer l'agrément du coup-d'œil. Les quatres fauxbourgs qui la ferment font vaftes & prefqu'auffi bien bâtis que la Ville même.

S'il eft vrai que Naples renferme près de fix cent mille habitans, un Parifien doit malgré fes préjugés nationaux, la regarder comme une Capitale refpectable. Ce qu'il y a de certain, c'eft que le mouvement y eft confidérable & annonce la forte population. Tous les artifans travaillent dans la rue à leur porte, & par là rendent la Ville plus vivante.

Le Palais du Roi annonce par une façade étendue & majeftueufe, tenant

un peu de celle du Louvre, la demeure du Souverain. Nous n'avons
pu juger du dedans que l'on dit mériter peu la curiofité des Etrangers,
parce qu'alors le Roi y féjournoit,
& qu'il n'eft pas d'étiquéte d'y laiffer
entrer librement. La grande rue où
il eft bâti eft fans contredit magnifique, & par fa droiture & par fa largeur, ainfi que fa longueur, mais un
trop grand nombre de marchands fur
le carreau, la faliffent & l'embarraf-
fent, comme nous voyons à Paris
dans la rue de la Ferronnerie, ce
qui eft un manque de diftribution impardonnable dans des Capitales:

Cette rue eft garnie d'un nombre
confidérable de boutiques de tout
commerce, & furtout de Caffés où
l'on boit du forbet délicieux à moi-
tié.moins de frais qu'à Paris. Comme
il eft jufte que les petits puiffent fe
procurer .quelques douceurs fuivant
leurs facultés, plufieurs boutiques
portatives, arrangées artiftement en
treillages garnis de fleurs & de limons fufpendus, font deftinées à fournir au Peuple de l'eau glacée à peu
de frais; ceux qui veulent payer un

peu plus y font ajouter du jus de li-
mon , & ce débit eft fi confidérable
qu'il peut faire la fortune d'un débi-
tant accrédité.

Le nombre des voitures publiques
de louage eft grand. Ce font de petits fauteuils découverts pendant la
belle faifon, tirés par un feul cheval , que vous conduifez vous-même
fi vous le jugez à propos, tandis que
le loueur monté derriere , joue du
foüet par deffus votre tête, ou que
vous faites mener par le loueur qui
s'affied fur le brancard , & delà gouverne les rênes.

A l'inftar des enfans d'éole ,

Le Courfier Napolitain vole ,

Le fol à peine eft touché de fes fers :

De fes yeux partent mille éclairs ,

Il ne connoit ni le mords, ni la bride ,

Un fimple Caveffon fuffit ;

Et malgré l'ardeur qui le guide ,

Au moindre figne il obéit.

Ce n'eft pas fans raifon que l'on
vante les chevaux Napolitains : leur
taille lefte, leur encolure, leur vivacité, leurs crins , font toutes chofes

N iv

de prix dans cet animal, auſſi ſont ils tous marqués dès le bas âge ſur la feſſe avec un fer ſi chaud, qu'il eſt impoſſible d'en faire ſortir du pays ſans qu'ils ſoient reconnus.

Ce n'eſt que dans la vieilleſſe que ces chevaux ſuportent le mords, parce qu'alors leurs barres moins délicates n'en ſont point offenſées.

Les mules à Naples jouent auſſi un grand rôle ; la plupart des caroſſes ſont tirés par ces bêtes, qui en pluſieurs points ne le cédent guéres aux chevaux, en exceptant toutes fois les oreilles dont la longueur m'a toujours choqué malgré moi. Je ne l'ai pas moins été de voir mille gredins & qui plus eſt des laquais grimpés derriere le carroſſe de leur maître, porter publiquement de longues rapieres ; cet abus eſt preſque au même point en France & ne m'en plaira jamais davantage.

Chacun voit avec ſes yeux, croit mieux voir que ſon voiſin, & qu'il a des raiſons valables pour agir comme il fait. Chez nous les femmes qui gagnent leur vie à filer, ont des quenouilles d'une aulne ; à Naples ces quenouilles ont au plus neuf à dix pouces de longueur ; les femmes les tiennent dans la main gauche qu'elles élevent au-deſſus de leur tête à meſure que la droite fait tourner le fuſeau pour allonger le fil , & ces bonnes ouvrieres ſe proménent & cauſent en filant de tout leur pouvoir ; une telle méthode paroîtroit inconteſtablement fort incommode & fatiguante à nos villageoiſes.

Chez nous les meres qui voyent leurs enfans approcher de l'eau font dans des tranſes affreuſes : à Naples on apperçoit des eſſains de marmots pouvant à peine ſe ſoutenir , qui tout nuds au plus grand Soleil, n'ont d'autre plaiſir que de tripoter & ſe rouler dans la mer ſur la gréve , ſans que leurs meres en conçoivent la moindre frayeur ; il eſt vrai que cette petite progéniture eſt celle des matelots pour la plupart , & que leur deſtination eſt de vivre comme des animaux amphibies , mais ils n'en font pas pour cela moins chers à leurs parents.

L'uſage qui m'a paru d'une utilité eſſentielle à Naples , eſt celui de couvrir toutes les menues proviſions de bouche, avec des rets arrangés sur les paniers, sans cela il est indubitable que le vendeur donneroit à chaque instant sa marchandise gratis.

En voilà sans doute trop pour des objets peu interessans, il faut te dédommager en te conduisant à l'Opéra. La salle de spectacle de Naples passe pour la plus belle de l'Italie. Je crois que celle nouvellement construite à Bologne balancera un peu cette primauté, du moins quant à l'élégance. S'il étoit question d'étendue, celle de Parme le disputeroit aussi sans doute. La forme de la salle dont est question est celle d'un œuf tronqué par un bout, forme générale dans toute l'Italie. Elle contient six rangs de loges à trente par rang : les séparations sont tirées au point de vue dont le théâtre est le centre. Le parterre contient quinze bancs capables de contenir, chacun, vingt-cinq spectateurs par estimation. Chaque loge en peut aussi contenir huit, ainsi en faisant un léger calcul arithmétique, il se trouvera que le total des spectateurs peut monter à dix-huit cent quinze.

(299)

Ce nombre ne me paroît pas confidérable, vu l'étendue de cette falle, & je penfe volontiers qu'elle en peut contenir davantage.

L'Opéra d'Armide eft celui que l'on donnoit pour lors, raifon pour nous de ne pas manquer d'y affifter, furtout le rôle principal étant joué par la Gabrielle, chanteufe des plus renommée pour lors.

Nous nous flattions d'être avantageufement placés pour notre argent, mais foit mal adreffe, foit négligence de la part de notre Cicéroni, les numéros de nos fiéges fe trouverent fi éloignés du théâtre que n'y pouvant commodément voir, ni entendre, nous prîmes le parti de refter debout pour pouvoir nous approcher davantage.

Ce contretems affez fâcheux,
Soit par orgueil, ou par faibleffe,
Nous infpira quelque trifteffe :
Mais le nombre des malheureux
S'étant accru, du vieil adage
Nous fentîmes la vérité :
Bien-tôt cette pluralit
Nous redonna la force & le courage.

N vj

Le Roi qui devoit honorer le
fpectacle de fa préfence , étant arrivé, l'on a commencé. La toille affez
mal peinte , s'eft levée & nous a laiffé
voir un fond de décorations affez
belles. Les gardes poftés tant fur le
théâtre, que dans le parterre, de plus,
la préfence du Souverain m'avoient
fait conjecturer que le filence exactement obfervé, me procureroit la
facilité de fuivre les paroles débitées
par les Acteurs ;

> Mais peut-on jamais parvenir
>
> A captiver & contenir
>
> Ce trop mobile cartilage,
>
> Dont le fexe fait tant d'ufage !
>
> On voit fans ceffe en mouvement.
>
> De droit , de gauche, en chaque loge ,
>
> Ce trop redoutable inftrument.
>
> Chaque fpectatrice s'arroge
>
> Pleinement le droit d'étourdir ,
>
> Et fes voifins , & le parterre ,
>
> Qui, malgré fon *paix là* févere ,
>
> Ne fçaurait contraindre à finir
>
> Cet infuportable tapage ,
>
> Qui fouvent s'accroît davantage.

Je t'ai déja obfervé, je crois,
que chaque loge eft un appartement
où le poffeffeur fe regarde comme

chez-lui, & par conféquent ne s'y contraint en aucune façon. Il le meuble & l'éclaire fuivant fon caprice, ce qui m'a paru fort contraire à l'unité du coup d'œil. Ne pourroit-on pas conclure de ce murmure affreux qui régne dans les loges, que les Italiens ne font pas fi enthoufiafmés qu'ils le femblent, de leurs Opéras tant vantés ? il faut pourtant convenir que leur attention fe réveille lorfque le moment d'une belle ariette arrive, & que nous avons entendu fans obftacles, les beaux fons & le travail inconcevable du gofier de cette célébre Gabrielle qui le difpute au violon le plus habile. C'eft la Le Maure de l'Italie, même quant à la taille mince & fluette. Elle nous a procuré autant de plaifir que des Français, encore peu deshabitués de leur mufique pefante, peuvent en prendre à ce genre de mélodie fi différent du leur, dont le mérite principal eft de faire entendre des fons très-aigus, mais filés avec intelligence; de pouffer des roulades, & des agrémens pratiqués pour l'ordinaire fur les inftrumens, & de terminer le morceau par un point d'orgue, qui, selon le Chanteur, est toujours varié, mais qui, suivant le François spectateur, est toujours à-peu-près le même, & cela par la trop grande difficulté qu'éprouve l'organe de la voix, pour pouvoir répondre à tous les caprices de l'imagination.

La partie de la danse n'étoit pas le meilleur de ce spectacle, mais il faut convenir que les accompagnemens de l'orchestre, & tout ce qui concerne la symphonie a droit sur nos applaudissemens, & que l'intelligence en est merveilleuse.

Je ne te dirai rien des héros du théâtre, quoique plusieurs chantassent très-bien, parce que tels talens qu'ils puissent avoir, des héros sans barbe & à voix de fausset, plus aigue que celle des femmes qui représentent vis-à-vis d'eux, ne pourront jamais faire une illusion flatteuse sur la Scène.

Ne crois pas que nous ayons écouté tout l'Opéra à la même place : notre occupation continuelle, ainsi que celle de bien d'autres honnêtes gens qui ne pouvoient faire mieux.

étoit de faifir les bancelles de ceux
qui s'abfentoient à chaque inftant,
foit pour aller au Caffé, foit pour
aller babiller dans quelque loge
fuivant l'ufage, & à qui mainte fois
il falloit les reftituer affez à contre
cœur. Ce petit exercice n'eft point
amufant à la longue, & nous avons
été fort aifes de voir arriver le moment de notre délivrance.

Le fpectacle a fini vers les minuit :
des valets de théâtre courant fur le
rebord des loges, on foufflé de longues bougies en forme de cierges,
qui, appliquées entre chaque loge,
y faifoient un fort mauvais effet, &
détournoient la vue du point principal qui doit toujours être le théâtre. Les Dames Napolitaines que
nous avons examinés à l'aife, ne
font pas belles en général, & tâ-
chent de faifir l'élégance de nos
modes, mais on apperçoit bien vîte
leur infuffifance fur cet article.

Le nombre des équipages qui bar-
roient la rue, nous étonna (car comment peut-on trouver des carroffes
hors de Paris?) nous eûmes beaucoup
de peine à nous gliffer à travers ce

cahos mobile & dangereux, malgré
le falot lumineux porté par notre
Ciceroni, ou valet de place, & à regagner notre Hôtel où la faim nous
faifoit voler, ainfi que le defir de
repofer nos oreilles fatiguées par le
récitatif Italien.

Si nous euffions eu beaucoup plus
de tems & de piftolles à dépenfer,
cette Ville fans doute méritoit la
préférence fur prefque toutes les autres, mais comme il faut fçavoir fe
conformer aux circonftances, nous
avons pris la réfolution de la quitter,
ce que nous avons exécuté le 17
Juin à quatre heures du matin.

De la magnifique Venife
L'afpect, à toujours, furprendra,
Mais Naples, cette Ville exquife,
Bien plus au voyageur plaira.
Ici la prodigue nature
Unit l'éclat de la verdure,
Des fillons la fertilité,
Des oifeaux le tendre ramage,
Neptune au front fier & fauvage.
Oui : tout charme en cette Cité ;
Ah ! que j'y verrais tranfporté
Mon domicile, mon ménage

Avec plaisir ! sans ce voisin
Capricieux & redoutable,
Dont l'estomach sans cesse plein
D'une bile trop inflammable,
Vomissant le feu par torrens,
Menace de griller les gens.

En quittant Naples, nous nous réservions encore le spectacle d'un beau lieu qui en dépend; en conséquence nous avons dirigé notre route vers Caserte, petite Ville distante de six à sept lieues. C'est en cet endroit que Dom Carlos a voulu étaler sa magnificence par la construction d'un Palais, qui, quoique peu avancé, annonce déja la grandeur de celui qui avoit dessein d'y habiter.

Le plan extérieur de ce Palais est un quarré long, deux faces parallelles ont neuf cent palmes de longueur, & les deux autres, sept cent. (La palme vaut dix pouces & demi.) Les deux premieres faces sont percées de trente-trois croisées, & les deux dernieres de vingt-sept. Le plan intérieur contient quatre cours quarrées, mais dont les angles sont abbatus, & annoncent la forme octogone. Le bâtiment formant la croix au milieu, & régnant autour de ces quatre cours, produit un logement immenfe. L'Architecture en eft noble & mâle, & le marbre de toute efpéce y eft employé avec profufion, tant en colonnes qu'en ornemens.

L'eau y manquoit, mais c'étoit une occafion de plus à ce Roi magnifique de s'illuftrer par un morceau d'une dépenfe & d'un travail peu commun, qu'il a fait exécuter avec un goût, & une folidité admirables. Un aquéduc diftant de cinq mille pas du Château de Caferte, joint deux montagnes & améne des eaux en abondance. Cet ouvrage, fuivant la relation que nous en a fait le piqueur, a deux mille vingt-cinq palmes de longueur, cent vingt-cinq d'élévation dans le milieu, & cent quarante de fondation. Trois rangs d'arcades s'élevent l'un fur l'autre ; le plus bas en contient dix-neuf, le fupérieur vingt-neuf, & le plus élevé, quarante trois. La profondeur des arcades eft de vingt pieds environ, la face des piles, de quinze, & la largeur de l'arcade du milieu, de vingt. Cet Edifice eſt digne des Romains, & ne le céde en rien au fameux pont du Gard.

La conduite des eaux depuis la ſource juſqu'à l'aquéduc, & depuis la citerne où dépoſe l'aquéduc, juſqu'au Château de Caſerte, eſt encore un objet d'une dépenſe ineſtimable; mais rien n'a effrayé le Prince, & ce Château lui tient tant à cœur, que depuis même qu'il eſt ſur le Thrône des Eſpagnes, il donne ſouvent des ordres pour l'avancement des bâtimens, envoye de gros fonds, & ſe fait rendre un compte exact du progrés des ouvrages.

Au reſte, par une économie naturelle & fondée en raiſon, ces travaux ſont moins diſpendieux qu'ils ne le ſeroient chez nous. Un nombre conſidérable de malfaiteurs, utiles malgré eux à leur patrie, au lieu de pourir vainement dans les horreurs d'un cachot, ſont rendus à la lumiere, & gagnent par le travail de leurs bras mis à profit, un léger ſalaire, qui leur procure des douceurs pour la vie, & rend leur eſclavage moins affreux.

De Caſerte nous avons gagné Capoue la jeune, & ſommes paſſés dans les
champs autrefois occupés par Capoue
la vieille, dont je t'ai, je crois, parlé
ci-devant. Cette journée ne fut pas
remplie à notre ſatisfaction, ni celle
du lendemain. Les chemins pleins
de fange & de trous, nous ont donné
beaucoup d'exercice. Nous nous ſommes égarés pluſieurs fois & avons
verſé une, pour nous apprendre à ver-
ſer deux autres fois le jour ſuivant,
choſe inévitable malgré toute prudence humaine, tant ces voies ſont
rompues.

Enfin grace à la providence & à
la bonté de nos chevaux, nous ſommes arrivés bien las, bien boüeux,
bien ſuants, mais ſains & ſaufs, dans
le bourg de *San Germano*, où nous
devions trouver un dédommagement
de nos malheurs.

Du Grand Benoit en cet endroit repoſe
 Le cadavre avec ſoin gardé ;
Un Monaſtère & vaſte & bien fondé,
 Au haut d'un Mont bâti pour cauſe,
 Donne à ſes enfans bien nourris,
Le court moyen d'aller en Paradis,

Sans grand travail & fans grand, peine :
De Moines une quarantaine
Logent dans cet aimable lieu
Et font femblant de Prier Dieu.

Ne vas pas, mon cher, prendre ce dernier vers à la lettre, il n'eft mis là que pour la rime. Je n'ai garde de penfer auffi mal de ces gens fi honnêtes, qui nous ont comblés de politeffe, nous ont hébergés de la meilleure grace du monde, nous ont nourris avec élégance & profufion, nous ont enfin, donné des lits,

Où mollement & bien à l'aife,
Sans redouter la puce & la punaife,
Notre corps ci-devant fourbu,
Mais lors doucement étendu
Sur la plume bien étoffée,
A joui longuement des faveurs de Morphée.

Si les richeffes du public ont fondé en gros le bien être de ces Benis Peres, du moins le lui rendent-ils affez noblement en détail. Les voyageurs d'un certain rang font admis dans leur hofpice fans difficulté & peuvent y paffer plufieurs jours.

Quant à nous, nous ne pouvions manquer d'y être reçus avec quelque diſtinction. Nous portions en poche un papier vainqueur qui nous rendoit pleins de confiance. C'étoit une lettre d'un gros Prieur Bénédictin de Naples, qui nous l'avoit donnée à la recommendation de M. Taitbout Conſul de France dans cette Ville, homme charmant, qui nous a rendu mille bons offices de la maniere la plus obligeante.

L'hoſpice où ces Religieux recoivent les voyageurs eſt agréablement ſitué au pied *Del Monte Caſſino*, ce bâtiment eſt pour eux en même tems un azile de ſanté, où ils viennent périodiquement ſe rétablir, lorſque la trop grand vivacité de l'air qui régne dans leur monaſtère au haut de la montagne, les a fatigués. Ce fut donc dans cette maiſon baſſe que le R. Pere Recteur Dom Lanza (à qui Dieu veuille le rendre) nous fit ſervir un dîner excellent qu'il rendit encore plus agréable par ſa préſence. Quoiqu'il ſe fut fait phlébotomiſer le matin pour entretenir la fraicheur de ſon teint, il voulut bien goûter à tous les plats pour nous montrer le bon exemple, que nous nous fîmes gloire de fuivre de point en point. La converfation, quoiqu'un peu pénible pour nous, parce que le Révérend ignoroit abfolument notre langue, & que nous eftropions rudement la fienne, n'en fut pas moins vive & gaye. Chacun y mit du fien le plus qu'il put, lui beaucoup de complaifance, & nous beaucoup d'attention à nos phrafes, pour qu'il lui fut plus aifé d'aider à la lettre.

> L'obftacle irritait le defir,
> Et l'embarras nous donna du plaifir.

Une vingtaine de converfations pareilles eut été le moyen infaillible de nous rendre grecs dans la langue du pays, mais malheureufement les François font fi répandus partout, que l'on eft toujours ramené malgré foi à fa langue maternelle qui nous évite tout travail & contention d'efprit. Après le dîner, notre aimable Recteur nous expédia une lettre pour le Couvent d'en haut, & fe retira pour nous laiffer faire tranquillement la Méridienne qu'il alla probablement faire aussi de son côté.

Sur les trois heures nos locatis arrivérent précédés d'un guide, & nous nous mîmes en selle pour escalader le Mont Cassin. Le tems étoit des plus serain, & pendant une heure que dura notre petit voyage sur un chemin entretenu avec soin, nous avons essuyé les caresses trop brûlantes de Monsieur Appollon. La lettre dont nous étions munis nous a bientôt fait ouvrir les portes du Monastère ; l'on s'est empressé de nous en faire voir toutes les beautés. 1º. L'Eglise qui est d'un bon goût d'architecture, remplie des tableaux de *Luca Giordano*, mais selon moi trop revêtue de marbres différens dont les desseins contournés m'ont paru mesquins. 2º. La Sacristie qui m'a semblé d'un meilleur goût qu'aucune autre ; une boiserie de noyer garnie d'ornemens en cuivre doré & sculptée, ne laisse pas de lui donner beaucoup de relief, mais elle est de beaucoup inférieure

à

[313]

à celle de l'Eglife qui eft un vrai chef-d'œuvre de fculpture.

Le cloître eft beau, & agréablement orné par les ftatues en marbre de tous les bienfaiteurs de ce Couvent. Les appartemens du grand Benoit, fondateur de l'Ordre, font bas, & garnis d'un affez grand nombre de tableaux, dont le feul que l'on peut nommer bon, eft une Madône de Raphael; ce tableau eft caché par un payfage mis au devant, que l'on a grand foin de ne lever qu'à l'extrémité pour mieux en faire goûter le mérite. Le tombeau où repofe le corps dudit Benoit accolé avec celui de fa fœur jumelle, Madame Sainte Scolaftique, eft montré avec oftentation aux Etrangers, fans qu'ils le voyent: ceci fans doute a lieu de te furprendre; le fait eft que l'on ne le voit que des yeux de la foi, à travers un petit foupirail grillé à raze terre, car on ne permet point l'entrée dans la piéce où ce tombeau eft pratiqué. Au refte comme nous n'étions pas incrédules, nous n'avons fait aucune mauvaife difficulté.

Notre curiofité nous portoit davantage à vifiter les appartemens des Moines. Les dortoirs font vaftes & d'une grande propreté. Delà, la vue s'étend fur les coteaux & les vallons, ainfi que fur la cime d'une chaine de montagnes voifines, dont les fommets pointus reffemblent affez de loin aux flots de la mer, par les effets de la lumiere & des ombres. Ce fpectacle fut entierement neuf pour nous ; nous ne l'abandonnâmes que pour aller voir un appartement dont l'utilité eft généralement reconnue, c'eft celui,

> Où toute la troupe pieufe
> Après l'office long du chœur,
> Accourt avec mine joyeufe,
> Dénotant extrême ferveur,
> Pour un plus agréable office
> Qui ne dure jamais affez.
> Là, toujours Moines empreffés
> S'acquitent bien de leur fervice ;
> Point on n'y baille ; un gigot, & Bacchus
> Echauffent plus qu'un orémus.

Le réfectoire nous a donc été ouvert ; ce vaiffeau eft beau, la propreté y régne, d'ailleurs il eft affez fimplement décoré, mais la muraille du fond eft couverte d'un morceau précieux. C'eft un tableau du vieux Baffan dont le détail eft immenfe, & le coloris excellent. Le fujet de la compofition eft une allufion du miracle des cinq pains à l'ordre de Saint Benoit : la penfée eft on ne peut plus jufte, & le miracle du Sauveur n'eft guéres plus furprenant que celui des admirables Benoit, Francois, &c. qui a procuré des richeffes fi grandes à un nombre fi prodigieux d'hommes inutiles à la patrie & à la fociété.

Toute la maifon vifitée exactement, nous nous fommes rafraichis à peu de frais, avec l'eau excellente & fraiche que leur fournit une vafte citerne pofée au milieu du cloître, ce régal ne feroit pas fans doute, de ton goût, ni de celui de beaucoup d'autres ; mais nos fens ayant des variétés comme nos figures, il peut nous être permis de nous ranger dans la claffe des habitans de l'Onde, fi tel eft notre appétit.

Après avoir pris congé de leurs Réverences, nous avons confié notre

vie à la fermeté des jambes de nos
rouffins, qui malgré leur pratique
habituelle de cette route efcarpée,
ne la defcendoient qu'en tremblant.
Par leur prudence nous avons regagné fains & faufs notre premier domicile, où un joli fouper nous attendoit en vain. Les morceaux du
dîner n'avoient point encore fait place
à d'autres, & les inftances engagean-
tes du Pere Recteur n'eurent d'autre
fuccès que de nous faire avaller quelques cueillerées d'un bouillon perlé
& appétiffant dont de plus grands
Saints que nous auroient eu grand-
peine à fe défendre. Dom Lanza s'eft
retiré en nous fouhaitant un repos
bénin, a fait traiter nos domeftiques
auffi abondamment le foir qu'il l'a-
voit fait le matin, & nous avons
paffé une nuit de Chanoines.

Le lendemain dès la pointe du
jour, un Frere officieux nous a préfenté *la cicolata* pour nous préferver
de la fraicheur du matin, nous en
avons velouté notre eftomach, &
après avoir reconnu les foins du Frere
comme il convenoit, nous nous fommes abandonnés gaiment à la Pro-

[317]

vidence , qui peut-être nous réfervoit
à des épreuves plus rudes que celles
par lefquelles nous avions paffé. Elle
a daigné nous regarder en pitié, il
ne nous en a couté que quelques
égratignures dans une haye vive qu'il
nous a falu franchir pour éviter de
nous noyer dans la fange. Un torrent qui s'il avoit été gonflé nous
auroit arrêté plufieurs jours, fe trouva prefque à fec; & nous arrivâmes
fur le midi à Ifoletta, où le dîner
fut auffi mince que notre appétit étoit
confidérable. A cinq heures du foir
nous entrâmes fur les terres Papales,
ce qui nous réjouit fort par l'efperance de voir le fort de nos peines
paffé.

Le Saint Pere a l'attention
(Sans doute par dévotion,)
Que pratiquable foit la route ;
Pour ne pas mettre dans le doute
Du falut, un enfant très-cher,
Qu'un mauvais pas pourroit envoyer en enfer.

On ne peut affez le louer de cette
bonté paternelle ; il en coute à la

vérité de diſtance en diſtance, quelques baïoques, mais on les donne avec grand plaiſir puiſquelles défendent les gens contre les *pattes ſanglantes* des ſuppots du grand Saint Côme. Nous débarquâmes avec une ſatisfaction extrême à Frozinolles, où nous nous apperçûmes ſenſiblement que nous n'étions plus ſur les terres Napolitaines, quoique l'auberge ne fut pas bien bonne. Nous aſpirions après un prompt repos ; la chaleur de la journée avoit été des plus peſante, & nos vêtemens percés de ſueur en faiſoient foi.

La journée du lendemain ne fut pas moins chaude, le dîner à l'auberge de la Fontaine, ne fut pas meilleur que celui de la veille, mais nous euſſions eu tort de nous fâcher après les excuſes que l'hôte nous fît en nous diſant qu'il n'attendoit pas nos Seigneuries : (ſur les terres de Naples c'eut été nos excellences) un millier d'excuſes ne valoient pas la plus chétive aîle de poulet ſuivant l'eſtimation de nos eſtomachs mécontens. Nous tachâmes de charmer notre mal en examinant des troupeaux nombreux de buffles privés qui venoient avec leurs veaux auffi laids que les peres, s'abreuver de l'eau excellente de ce lieu. Nous gagnâmes diligemment le lieu dit, Valmontone par un chemin agréable couvert en forme d'avenue. Le lendemain à quatre heures & demie du matin nous nous mîmes en route, & après quatre heures de marche nous quittâmes le grand chemin pour prendre celui de Frefcati, où nous mîmes pied à terre fur les neuf heures.

Cet endroit par fa pofition heureufe qui domine fur la campagne de Rome & les environs, a attiré les Princes Romains qui y poffédent des vignes charmantes, (c'eft-à-dire maifons de plaifance) en attendant que le dîner fut prêt, nous avons mis le tems à profit. Le Ciceroni du lieu s'eft rendu à notre invitation & nous a conduit dans les maifons Comti, Pamphile, & Borghefe comme celles qui méritent le plus la vifite des Etrangers.

Toutes ces maiſons joliment peintes & décorées, brillent encore par
l'abondance des eaux, dont les propriétaires ſe ſervent pour faire de
jolies choſes, mais non des choſes
grandes. Leurs jets pour la plus part
ne s'élevent pas bien haut & ne dé-
penſent pas un volume d'eau ſuffi-
ſant pour les rendre intéreſſans. Auſſi
le nom qu'ils donnent à ces plaiſan-
teries eſt-il *jochi d'acqua*, c'eſt-à-dire
jeux d'eau, & non jets d'eau.

L'eau deſſine pluſieurs formes d'architecture avec élégance, mais l'a-
muſement le plus fréquent eſt de
mouiller les ſpectateurs au moment
qu'ils s'y attendent le moins : ce déluge eſt produit par un nombre infini de petits tuyaux inviſibles, cachés juſques dans les eſcaliers mêmes,
qui en ſe croiſant en ferment exactement l'entrée, lorſque les robinets
ſont ouverts.

Les gentilleſſes les plus complet-
tes en ce genre, ſont celles de la vigne Pamphile, on y voit un Dieu
Pan qui joue du ſifflet à pluſieurs
corps, un faune qui donne du cor-

net, un Mont Parnasse, ou Apollon & ses neufs muses jouent chacun de leur instrument d'attribution, ensuite font un concert général, après lequel des oiseaux font aussi entendre leur musique imitée assez au naturel. Le vent est aussi employé aux plaisirs du maître de ce joli domicile. Au milieu du salon, où est élevé le Parnasse dont je viens de parler, se voit une boule mobile suspendue à un pied & demi environ de terre sans que l'on puisse soupçonner l'art par lequel elle est ainsi soutenue ; en approchant on découvre qu'un souffle de vent ménagé dans le plancher forme cette illusion ; il est facile de prendre la boule & de la replacer tant que l'on veut, comme cela s'exécute avec un œuf vuidé, sur le rayon d'un jet d'eau de force médiocre. En entrant dans ce sallon, il arrive quelquefois que la coëffure élégante des Dames se trouve subitement dérangée & même enlevée ; c'est encore l'air dont la malignité opére ce miracle au moyen de deux petits trous imperceptibles pratiqués dans l'épaiſſeur du chambranle de la porte, qui lui livrent un paſſage au deſir de celui qui gouverne ces machines récréatives.

La vigne Borgheſe eſt d'une beauté plus mâle, tant par la grandeur de ſes jardins, par ſa poſition en terraſſe dont le coup-d'œil eſt d'une étendue immenſe, que par la nobleſſe des bâtimens. Quiconque aura vû toutes ces beautés, par la plus grande chaleur du jour, & aura meſuré de ſes pas leurs diſtances réciproques, ainſi que les jardins, s'il n'avoit point d'appétit, le recouvrera infàilliblement, & ira comme nous avons fait, chercher ſon dîner, dont la ſolidité lui paroîtra de plus grande importance que les plus beaux Châteaux du monde.

Nous avons quitté Freſcati ſur les quatre heures après midi : la chaleur étoit violente, & nous fit trouver la campagne de Rome d'une longueur ſans fin ; les chevaux n'étoient pas moins haraſſés que les hommes : auſſi avec quelle ſatisfaction ne fîmes nous pas notre entrée ſur les sept heures dans la Capitale de la Chrétienté? ce n'est pas avec un moindre plaisir que je quitte la plume, mes doigts fatigués ont à peine la force de t'assurer combien je suis ton serviteur.

Fin du premier volume.